1천권 독서법

하루 한 권 3년, 내 삶을 바꾸는 독서의 기적

1천권 독서법

전안나 지음

들어가는 말

인생의 절벽에서
책을 만나다

대한민국에서 워킹맘으로 산다는 것

조남주 작가의 『82년생 김지영』(조남주 저 | 민음사)이라는 책이 인기다. 한 여자의 인생을 리포트 형식으로 재구성한 이 소설은 한국에서 여자로 살아가는 일이 얼마나 힘든지를 잘 보여준다. 특히 일과 가정을 동시에 챙기느라 정작 자신은 챙기지 못했던 여성들의 비애를 잘 표현했다.

나 역시 김지영이다. 82년생이고, 14년차 직장인이며, 9년차 엄마다. 소설 속의 김지영 씨가 처한 상황과는 다소 다른 부분이 있지만, 일과 가정을 동시에 챙긴다는 점에서는 일맥상통하다. 그리고 5년 전, 나도 김지영 씨처럼 심각한 정신적 공황에 시달렸다.

대학을 졸업하고 이른 나이에 취직을 했다. 남들보다 빨리 출발해서 안정적으로 자리를 잡는 게 좋았다. 하지만 그만큼 에너지도 빨리 떨어졌다. 직장 생활 10년 만에 모든 에너지가 바닥나 심각한 무기력증을 느꼈다.

이대로 물러설 수는 없다는 생각에 대학원 진학을 결심했다. 전부터 가고 싶었던 대학원에 원서를 넣었지만 미역국을 먹었다. 차선책으로 선택한 다른 대학원에서도 미끄러졌다. 밑 빠진 독에 물을 붓는 기분이었다.

가정생활은 가정생활대로 곤경에 빠졌다. 사소한 일에 신경을 세우는 경우가 많아지고, 아이에게도 짜증을 냈다. 그리고 밤마다 후회했다. 워킹맘이라는 이유로 제대로 챙겨주지도 못하면서 늘 화만 내는 자신이 미웠다. 좋은 아내, 좋은 엄마가 될 수 없다는 죄책감에 빠지는 날이 잦아졌다.

결국 난 내 삶의 전부였던 일과 가정에서 모두 실패했다. 열정과 사랑으로 가득했던 내면은 열등감과 죄책감에 지배당했고, 우울함과 식욕부진에 시달렸다. 그중에서도 가장 괴로운 건 뜬 눈으로 보내야 하는 불면의 밤이었다. 그때 내가 느낀 감정은 한마디로 '이러다 죽을지도 모르겠다'는 것이었다.

밤새 아무 텔레비전 프로그램이나 틀어놓고 뒤척거리다가 늦은 새벽에 억지로 눈을 감았다. 조금이라도 눈을 붙여야 회사에서 제정신으로 일할 수 있었다. 몸무게도 몇 달 만에 5kg이나 빠졌다. 회사에서 주는 점심을 일부러라도 먹은 게 그나마 다행이었다. 그렇게 나는 조금씩 메말라갔다.

1천 권의 책을 읽으면 '나'가 바뀐다

어쩔 수 없는 삶이 지속되던 어느 날이었다. 회사에서 직무 교육의 일환으로 독서 강연을 들어야 했다. 솔직히 말해 아무런 기대도 하지 않았다. 언제나 그랬듯 그렇고 그런 얘기겠지 싶었다. '바람이나 쐬야지' 하는 마음으로 참석한 교육이었다.

시간이 얼마나 흘렀을까. 한참 독서의 중요성을 강조하던 강사가 잠시 숨을 죽이더니 나지막한 목소리로 속삭였다.

"2천 권의 책을 읽으면 머리가 트입니다."

정신이 번쩍 뜨였다. 정말 독서가 꽉 막힌 내 정신세계에 활력을 불어넣을 수 있을까. 아니, 그렇게 될 수 있다면 얼마나 좋을까. 이것저것 따져볼 여유가 없었다. 잃어버린 삶의 의미를 되찾을 수만 있다면 무엇이든 해야만 했다.

퇴근하자마자 당장 책을 읽기 시작했다. 먼저 '1천 권 읽기'를 목표로 삼고 〈1천 권 독서법〉이라는 거창한 이름도 달았다. 이렇게 살아서는 안 된다는 간절함에 새벽 늦게까지 책장을 넘겼다. 죽을지도 모른다는 절박함에 출근길 버스에서도, 점심시간에도 책장을 펼쳤다. 그렇게 3년 10개월 동안 꼬박 1천 권의 책을 읽었다.

독서를 하면서 많은 변화를 경험했다. '변화'라고 하면 사람들은 더 좋은 직업을 구했는지, 혹은 부자가 되었는지를 묻는다. 최소한 직장에서 고속 승진이라도 했을 거라 생각한다. 하지만 나는 여전히 같은 직장에서 같은 직급으로 일한다. 일과 육아를 동시에 짊어지는 워킹맘의 삶도 달라진 건 없다.

독서를 하면서 달라진 건 바로 '나'이다. 우주를 바꾸기보다 '나'를 바꾸기가 어렵다는데 바로 그걸 내가 해냈다. 책을 읽으면서 스스로를 돌아보고, 반성하고, 마음이 평안해지고, 성숙해지는 나를 느꼈다. 이런 변화는 무엇보다도 관계를 통해 드러났다. 아이들, 남편, 직장 상사와 동료들에게 느꼈던 예민함과 피해 의식이 사라지면서 생각에 여유가 생기고 이해의 폭도 넓어졌다. 마음이 편해지니 식욕도 돌아오고, 잠도 잘 잤다. 그리고 무엇이든 할 수 있다는 의욕이 생겼다.

오늘 나는 직장에서 성과를 내는 직장인으로 거듭나고 있다. 아이들과도 적극적으로 사랑하고 소통하면서 좋은 엄마가 되려고 노력한다. 나를 다섯 번이나 떨어뜨렸던 대학원의 석사 학위도 취득했고, 독서 습관을 스펙으로 활용해 장학금도 받았다. 책을 통해 얻은 다양한 지식과 마음의 여유가 기대 이상으로 자연스럽게 나를 변화시켰다. "사람은 책을 만들고, 책은 사람을 만든다"는 교보문고 신용호 창업자의 말은 틀리지 않았다.

독서가의 삶에서 작가의 삶으로

〈1천 권 독서법〉을 통해 나는 정신적으로 큰 변화를 맞이했다. 책을 100권 정도 읽자 마음이 안정됨을 느꼈고, 300권쯤 읽은 뒤에는 누군가를 미워하고 원망하는 마음이 사라졌으며, 500권을 읽고부터는 새로운 세계에 대한 호기심이 차올랐다. 결정적 변화는 800권 독서를 기점으로 찾아왔다. 800권의 책을 읽자 작가가 되어 책을 내고 싶다는 생각이 들었다.

책을 쓰기에 앞서 사람들한테 내가 하루 한 권씩 1천 권의 책을 읽고 있음을 고백해야 했다. 시쳇말로 '책밍아웃'이었다. 사실 책을 읽고 있다는 걸 일부러 숨긴 적은 없었다. 하지만 나 자신이 살기 위해 시작한 독서였던 만큼 굳이 사람들에게 알릴 이유도 없었다. 그러니까 독서 사실을 알린다는 건 그만큼 내가 많이 아팠음을 시인하는 일이었다.

"저 하루 한 권씩 책 읽기를 3년 넘게 하고 있어요."

〈1천 권 독서법〉에 대한 사람들의 반응은 다양했지만, 크게 두 가지로 나눌 수 있었다. 먼저 매일 책 읽는 사람을 특이하게 바라보는 눈빛이 압도적으로 많았다.

"대단하다. 그런데 책은 왜 읽어?"

"혹시 책 읽는 직업을 가지고 있니? 아니면 시간이 많은 건가?"

"책을 그렇게 많이 읽으면 뭐 달라지는 게 있어?"

"사회생활에 도움이 되니? 오히려 사람 만날 시간을 빼앗겨서 손해 보는 거 아냐?"

독서에 대한 오해나 두려움을 가지고 있는 사람의 수도 상당했다.

"나도 책을 읽고 싶은데 영 바빠서 말이야."

"요즘처럼 빠르게 변하는 시대에 독서는 사치 아닌가? 핸드폰으로도 충분히 정보를 얻을 수 있는데……."

"아이 둘을 낳았더니 이젠 책을 읽어도 무슨 소리인지 이해하기 어려워."

사람들 얘기를 들으면 들을수록 책을 써야겠다는 결심이 확고해졌다. 나처럼 책과 담을 쌓았던 사람도, 일과 육아를 동시에 하는 사람도 책을 통해 인생을 바꿀 수 있다는 걸 널리 알리고 싶었다.

구체적이고 실용적인 독서 노하우를 전하기 위해 독서 지도사 자격증을 취득하고, 100명이 넘는 지인에게 설문조사도 실시했다.

"책 읽기 또는 독서라는 말을 들으면 어떤 생각이 드나요?"

"1천 권 독파를 목표로 매일 책을 읽는 사람이 있습니다. 혹시 물어보고 싶은 질문이 있나요?"

설문조사를 통해 알게 된 사실은 모든 사람이 '책을 잘 읽고 싶다'는 욕망과 '책을 읽지 못해 뒤처지고 있다'는 죄책감을 동시에 느낀다는 것이었다. 아마 지금 이 책을 읽고 있는 여러분도 비슷한 생각을 하고 있지 않을까 싶다.

장담컨대 책에 대한 두려움과 오해를 해소하는 가장 좋은 방법은 책을 읽는 것이다. 부담스럽더라도 당장 〈1천 권 독서법〉을 시작하라. 독서량이 쌓이면 쌓일수록 부정적인 감정으로부터 자유로워지는 자신을 발견할 수 있다.

나는 책을 읽음으로써 삶을 바꿀 수 있다고 믿는다. 내가 바로 그 증거이다. 독서를 통해 부정적인 감정을 해소하고 삶의 에너지를 회복하고 싶은 사람이라면 부디 이 책을 끝까지 읽기 바란다. 하지만 책을 빨리 읽거나 핵심만 짚어내는 기술을 알고 싶은 사람이라면, 아쉽지만 별다른 도움을 얻지 못할 것이다. 내가 지금부터 소개하려는 독서법은 책을 오랫동안 지치지 않고 즐겁게 읽을 수 있는 방법이기 때문이다.

모쪼록 이 책을 통해 여러분 인생에서 가장 소중한 친구, 멘토를 만났으면 좋겠다.

하루 한 권 책 읽기 1,392일째 날에
전안나

추천사

올해 초 대학원을 졸업한 전안나가 두툼한 원고를 들고 찾아왔을 때, 나는 그녀가 그간 무엇을 했는지 알게 되었다. 직장인, 엄마, 대학원생이란 1인 3역을 동시에 소화하면서 책을 1천 권이나 읽었다는 말에 깜짝 놀랐다. 가능한 일인지 의문까지 들었다. 이유가 궁금했다. 답은 그녀가 들고 온 원고 안에 있었다.

그녀는 하루 한 권 책밥을 먹으며 현실의 어려움을 이겨냈다. 그리고 그 깨달음을 자신과 비슷한 처지의 사람들과 나누고자 이 책을 저술했다. 이 땅의 모든 직장인과, 워킹맘, 샐러던트가 그녀의 경험과 독서법을 공유하면서 성장할 수 있기를 희망했다.

늘 조용히 앉아 수업을 듣던 그녀 안에 이렇게 웅장한 세계가 있을 줄 몰랐다. 그녀를 항상 응원한다.

연세대학교 사회복지대학원장 강철희

30대 중반의 애 둘 딸린 아줌마가 직장과 학업까지 병행하는 모습은 대단하다 못해 아름답다. 죽을 것 같은 절박함 속에서 책 읽기로 자존감을 되찾고 성장했다는 사실에 다시금 독서의 위대함을 느낀다. 독서를 결심한 바로 그날부터 책장을 펼친 결단력과 하루를 분 단위로 쪼개 활용하는 〈1천 권 독서법〉은 외로운 길을 걷던 워킹맘을 특별한 사람으로 만들었다.

나는 이 책을 그녀와 동년배인 내 딸에게 꼭 선물하고 싶다. 그리고 이렇게 말할 것이다.

"책을 읽으며 삶을 변화시킨 사람이 바로 여기에 있다."

월계종합사회복지관 신영자 관장

목차

들어가는 말 인생 절벽에서 책을 만나다 4
추천사 11

1부 정말 죽을 것 같아서 읽기 시작했다

10년차 베테랑? 그저 그런 직장인! 18
대학원에 7번이나 떨어진 여자 24
세상에서 제일 좋은 엄마가 되고 싶었던, 불행한 엄마 28
소진+열등감+죄책감=워킹맘 자존감 36
다시 만난 책, 나를 살려줘 41
하루 한 권씩 1천 권 정복하기 47

2부 읽으면 삶이 바뀐다

책과 함께하는 불면의 밤 54
누구나 가능한 하루 한 권 책 읽기 59
책 읽는 자의 충만한 삶 66
우리는 이렇게 읽는다 71
다독가의 내밀한 즐거움 83
어떤 책을 읽었는가 92

3부 평생 지속 가능한 독서 습관 만들기

매일매일 회사 가듯 읽는다 **102**
독서를 우선순위에 놓는다 **107**
시간을 쪼개면 시간이 나온다 **113**
워킹맘 & 샐러던트 하루 쪼개기 **118**
편안한 독서 분위기를 만든다 **125**
조금이라도 쉽고 재미있게 읽는다 **135**
집중력을 끌어 올린다 **140**
평가하고 기록하고 정리한다 **146**
PLAN-B를 가동한다 **156**
언제나 다시 시작한다 **160**
하루 한 권 책밥 **VOL.1**

4부 좋은 책, 필요한 책, 끌리는 책

나에게 어울리는 좋은 책이 있다 168
직장인이라면 자기계발과 경제 경영서를 읽어라 174
꼬리에 꼬리를 무는 독서로 경계를 허물어라 179
독서 스펙트럼을 넓혀라 184

5부 독서 능률 두 배로 끌어올리기

선물은 독서인을 춤추게 한다 192
책과 함께하면 일상이 풍성해진다 198
함께 읽고, 말하고, 공유하라 204
사치스러운 독서를 즐겨라 211
생활 패턴을 바꿔라 215
혼자 있는 시간을 즐겨라 218
하루 한 권 책밥 VOL.2

6부 거인의 어깨에 올라 세상을 바라보다

내 머릿속 대도서관 **224**
집안 분위기를 바꾸는 독서 전염병 **230**
책을 읽으면 일이 편해진다 **234**
관계의 재구성 **240**
독서는 내 인생에 대한 최소한의 예의다 **246**
하루 한 권 책밥 VOL.3

나가는 말 내 인생 가장 찬란했던 3년의 시간 **252**
부록 내 인생의 필독서 20 **255**

앞만 보고 달려온 인생이 갑자기 멈춰 섰다. 타이어가 펑크 났는지, 엔진에 문제가 생겼는지, 연료가 떨어졌는지, 아무것도 모르는 상황에서 길 위에 홀로 남겨졌다. 다른 사람들은 쌩쌩 달려가는데, 신나게 음악도 틀어놓고 달리는데 나만 멀뚱멀뚱 서서 어찌할 바를 모르고 있다. 어쩌면 너무 오랫동안 쉬지 않고 달려왔는지도 모르겠다.

1부

정말 죽을 것 같아서 읽기 시작했다

10년차 베테랑?
그저 그런 직장인!

분야에서 프로가 되기엔 충분한 시간

"이번 프로젝트에서 홍 대리는 제외야."

한 치의 에둘러감도 없이 단박에 본론을 꺼내는 통에 홍 대리는 잠시 넋이 나갔다.

"무슨 문제라도 있습니까?"

"딱히 문제라고 할 만한 부분은 없어. 단지 이 대리의 프로젝트가 홍 대리보다 훨씬 좋았던 거지. 입사한 지 몇 년인가?"

"5년입니다."

"자기 분야에서 프로가 되기엔 충분한 시간이군."

- 『독서 천재가 된 홍 대리』(이지성, 정회일 저 | 다산북스) 중에서

『독서 천재가 된 홍 대리』의 주인공은 패션회사 기획실에서 근무한 지 5년이 된 직장인이다. 그는 나름대로 회사 생활에 잘 적응하며 지내왔다고 생각했다. 하지만 팀장은 그에게 인사이동을 공지하며 5년이라는 시간 동안 무엇을 했는지 물었다. 5년이면 자기 분야에서 프로가 되기에 충분한 시간인데, 자네는 도대체 무엇을 했느냐고.

회사에서 필독서로 정해준 이 책을 읽으며 나 자신에게 물었다.
"전안나, 너는 10년이라는 시간 동안 도대체 무엇을 한 거지?"

열심히만 하면 될 줄 알았는데

대학교를 졸업하고 관련 분야 국가고시 자격증을 취득한 뒤 곧바로 지금 다니는 직장에 입사했다. 지금처럼 취업난이 심각한 시기에는 꿈도 못 꿀 일이지만, 당시에는 자격증만 있어도 어느 정도 알음알음 취직이 가능했다. 일종의 낙하산 인사였다.

문제는 내가 무슨 일을 하는지, 어디에서 일하는지, 월급은 얼마인지도 모른다는 것이었다. 심지어 입사 첫날 개인 서류를 들고 직접 상사들을 찾아다니며 인사를 했다. 그렇게 내 인생 첫 번째 사회생활은 시작되었다.

분명 업무에 적합한 국가 자격증을 가지고 입사한 회사였지만, 내 마음속에는 어느 정도 특혜를 받았다는 짐이 있었다. 그래서 남들보다 더 많은 성과를 내기 위해 두세 배로 노력했다. 출근 시간 1시간 전에 사무실에 도착해 미리 업무를 시작하고, 시키기도 않은 일을 나서서 맡았다. 퇴근하기 전에는 다음 날 할 일을 미리 준비해놓고 늘 마지막까지 남았다. 그해 '우수 신입 직원상'은 당연히 내 차지였다. 상금도 없는 상이었지만 첫 단추를 제대로 끼웠다는 생각에 마음이 흡족했다.

처음 맡았던 업무는 내가 원하던 게 아니었다. 내가 바라는 업무를 하기 위해서는 더 많은 노력이 필요했다. 퇴근 후 따로 시간을 내 공부를 하고, 돈을 들여 자격증을 땄다. 외부 교육도 적극적으로 받는 등 개인의 삶보다는 일에 집중했다. 오직 성과를 내는 일만 생각했고, 실제로 성과를 냈다. 마침내 입사하고 2년 뒤에는 내가 원하는 보직에서 근무할 수 있게 되었다.

직장 생활 3년차 때부터는 매년 외부 사업 계획서를 대여섯 개씩 작성했다. 사업이 진행되면 우수 사업으로 선정되기 위해 최선을 다하고, 모든 과정을 기록으로 남겨서 눈에 보이는 성과로 만들었다. 덕분에 의미 있는 상도 여러 차례 받았다.

열심히 일한 대가는 고속 승진이라는 결과물로 나타났다. 보통 입사한 지 7년이 지나야 팀장으로 진급하는데 나는 3년 만에 팀장이 되었다. 과장 진급도 남들보다 빨랐다. 10년이 넘어야 받을 수 있는 과장 심사를 나는 5년 만에 거치고 승진했다. 운이 좋았다고 말해야 겸손한 사람으로 보이겠지만, 나는 당당히 말할 수 있다. 그만큼 회사를 위해 몸과 마음을 바쳤다고.

직장에 10년을 바쳐 얻은 것

사회생활을 처음 시작했을 때 나를 채용해주신 은사님이 말씀하셨다.

"조직에 적합한 인재가 되려면, 또 한 분야에서 전문가 소리를 들으려면 최소한 10년은 있어야 한단다. 잘할 수 있지?"

홍 대리의 팀장이 말한 것보다 5년이나 긴 시간이었지만, 나는 그 말을 철석같이 믿었다. '좋든 싫든 10년만 일해보자!' 하고 굳게 마음먹었다.

그런데 10년이 흐르고 서른두 살이 된 나에게 찾아온 건 전문가라는 명예도, 조직에 적합한 인재라는 인정도 아니었다. 오히려 업무적 소진 상태에 빠져버렸다. 신체적·정신적 기운이 고갈되어 아무런 일도 할 수 없었다. 회사에 출근해서도 멍하니 앉아 있는 시간이 길어졌다. 몸과 마음이 죽어버린 것처럼 어떤 의욕도 느낄 수 없었다.

직장인으로서 가장 빛나야 할 이 시기에 왜 업무적 소진이 찾아온 걸까? 모두 퇴근한 뒤 텅 빈 사무실에 앉아 곰곰 생각해보았다.

'나 전안나는 올해 서른두 살의 여성이다. 지금 다니는 직장에서 꼬박 10년을 일했다. 회사 안에서는 일 좀 하는 사람으로 알려져 있지만, 대외적인 성과가 있는 것은 아니다. 최종 학력은 학사이고, 아이가 두 명 있다. 사람들은 보통 나를 워킹맘이라고 부른다.

자, 객관적으로 생각해보자. 나는 헤드헌터가 관심을 가질 만큼 가치 있는 사람인가? 아마 아닐 것이다.'

회사에서 10년 넘게 근무하는 동안 자기계발을 게을리한 적이 없다. 경영, 리더십, 조직 관리, 대인 관계 등 분야를 가리지 않았다. 그런데 생각해보니 이 모든 게 조직에 적합한 인재가 되기 위한 노력이었다. 내 후배들이, 팀원들이 조직에 잘 적응하도록 만들기 위한 노력이었다. 결국 내가 죽어라 매달렸던 것은 나 전안나의 지적 재산이 아니라 회사의 지적 재산이었다.

'조직 안에서 '나'란 개인은 없다. 10년 동안 일한 사람이 있을 뿐이다. 퇴사하는 순간 나는 '전에 일했던 어떤 직원'으로 기억된다.'

업무적 소진이 찾아온 이유는 바로 이것이었다. 10년 동안 일하면서 업무를 효과적으로 진행하는 자잘한 노하우들을 익혔는데, 사실 누구나 10년을 일하면 저절로 알게 되는 것이다. 같이 일하는 다른 사람들은 어떤가. 눈치가 빠른 사람이라면 굳이 10년씩 걸리지 않아도 업무 프로세스와 노하우를 익힐 수 있다. 홍 대리네 팀장의 말대로 5년이면 프로가 되기에 충분한 시간이다.

'10년을 일했는데 전문가가 아니다. 그동안 월급을 받아 돈이 좀

생긴 것 외에는 달라진 게 없다. '전안나'만의 고유함이 없다.'

물론 돈을 버는 일이 중요하지 않다는 건 아니다. 회사에서 꼬박꼬박 월급을 준 덕분에 결혼도 하고, 아이도 기르고, 친정에 용돈도 줄 수 있었다. 안정된 직장이 없었다면 지금 내 모습은 꿈도 꿀 수 없을 것이다. 하지만 그게 다였다.

'회사에 다니면서 아이 둘 키우는 워킹맘.'

이게 바로 나였다. 그 이상으로 나를 설명할 수 있는 무언가가 없었다. 간절히 바라지만 그게 무엇인지 구체적으로 말할 수 없는 공허한 느낌이 내 일상을 지배했다. 텅 빈 정신에 무기력증만이 가득 찼다.

이럴 때 사람들은 제일 먼저 퇴사를 생각한다. 퇴사를 할 수 있는 사람은 차라리 행복한 사람이다. 부양가족이 없거나, 가족이 부자이거나, 다른 직장을 쉽게 구할 수 있는 능력을 가진 사람이기 때문이다. 그러나 나는 당장 아이들을 키워야 하고, 부모님들께 용돈도 드려야 하고, 다른 일자리를 구할 수 있을 것 같지도 않았다. 내겐 선택지도 없었고, 무모함을 행사할 자신도 없었다.

대학원에
7번이나 떨어진 여자

그래도 학교 다닐 때가 좋았지

"그래. 일을 오래 하긴 했지. 대학교 졸업하자마자 바로 시작했으니 힘이 빠질 때도 됐어. 근데 얘, 너도 대학원 가는 건 어떠니? 생각해봐. 그땐 힘들었어도 지금 돌이켜보면 학교 다닐 때가 제일 재미있었잖아. 그때로 돌아갈 수만 있다면 나는 지금처럼 안 살 것 같아. 여행도 열심히 다니고, 남자친구도 여럿 사귀어볼 거야."

무기력한 내 모습에 한숨을 짓던 친구가 대뜸 대학원 얘기를 꺼냈다. 대학원이라……. 요즘은 회사에 다니는 사람들도 자기계발을 위해 대학원에 다니는 경우가 많다는 얘기를 들은 적이 있었다. 등록금이 제법 비싸지만 그만큼 배우는 게 많고 회사 생활에도 도움이 된다고 했다.

　나쁘지 않을 것 같았다. 다시 학교를 다니기에 너무 늦은 나이도 아니고, 뭔가를 배우고 싶다는 열망도 아직은 남아 있었다. 게다가 내 마음속에는 항상 좋은 대학을 나오지 못했다는 일종의 열등감이 있었다. 그래서 기왕이면 대학원만큼은 우리나라에서 누구나 알아주는 좋은 곳으로 가고 싶었다.

　일단 마음을 먹고 보니 업무적으로도 대학원에 가야 할 필요성이 느껴졌다. 회사 중간 관리자 중 학사 출신은 나밖에 없었다. 다른 사람들은 모두 석사 학위를 가지고 있었다. 남보다 뒤처지기 싫다는 특유의 근성이 모락모락 피어올랐다.

　무엇보다도 대학원에 가면 텅 비어버린 의욕이 다시 채워질 것 같았다. 사실 회사에서 근무하는 10년 동안 가장 즐거웠던 순간은 처음 입사해서 뭔가를 배울 때였다. 몰랐던 것을 알게 되고, 이를 업무에 응용해 뭔가를 만들어내는 일이 꽤 재미있었다. 어쩌면 의욕 상실의 원인은 여기에 있는지도 몰랐다. 최근에는 일을 하면서 뭔가를 배운다는 느낌이 없었으니 말이다.

　마침내 나는 대학원 진학을 결심했다. 남편도 내 결정을 존중해 주었다. 학교로 돌아간다고 생각하니 가슴이 두근거렸다.

이 나이를 먹고 7수라니

업무와 관련된 사회 복지 분야에서 괜찮다고 알려진 대학원은 S대와 U대, Y대 정도가 있었다. 나는 Y대학원이 가장 마음에 들었다. 수업이 끝나면 푸른 잔디 깔린 교정을 거닐어도 좋고, 네온사인 가득한 신촌에서 동기들과 치맥을 해도 좋을 것 같았다. 설레는 마음을 안고 Y대학원에 원서를 접수했다.

면접까지 마치고 며칠 뒤, 두근거리는 마음으로 입학처 홈페이지에 들어갔다. 내 이름은 어디에도 없었다. 눈을 씻고 찾아봐도 없었다. 괜찮았다. 워낙 실력 좋고 유명한 대학원이다 보니 그만큼 쟁쟁한 지원자도 많았을 것이다. 고작 한 번 탈락했을 뿐인데 의기소침할 필요 없었다.

S대학원과 U대학원에도 원서를 넣어보기로 했다. S대학원은 학계에서 훌륭한 교수님이 많기로 소문이 자자한 곳이었다. 만약 S대학원에 붙는다면 그건 그만큼 내가 대한민국 최고 인재로 거듭날 가능성을 인정받았다는 얘기다. U대학원 역시 쟁쟁한 동기들과 저렴한 학비로 경쟁률이 높은 곳이었다. 나라면 충분히 U대학원에서 공부할 자격이 있었다.

그러나 결과는 번번이 탈락이었다. 원서를 일곱 번이나 넣었는데 모두 떨어졌다. 특히 내가 가장 가고 싶었던 Y대학원은 주간, 야간, 일반, 특별 전형 모두 다 합쳐서 다섯 번이나 떨어졌다. 한 사람을 다섯 번이나 떨어뜨리다니…… 아무리 명문이라지만 너무하는 게 아닌가 싶었다.

회사에서도 얼굴을 들 수가 없었다. 대학원 입시 원서를 내려면 먼저 회사에 알려야 했는데 이 과정을 몇 번 반복하다 보니 응원해주는 상사도, 응원받는 나도 어색하고 민망하기 짝이 없었다. 이런 수모를 겪으면서 원서를 접수했는데 매번 연락도 없고, 이름도 없는 모니터를 보았을 때의 심정이란 정말 몸에서 피가 한꺼번에 빠져나가는 느낌이었다.

일곱 번이나 떨어지고 나니 속으로 별의별 생각이 다 들었다.

'내가 이 정도 밖에 안 되는 사람이었구나. 평생 학사를 벗어나지 못할 운명이구나.'

'이 분야에서 10년을 일했는데 전문가는커녕 제대로 공부해볼 자격도 없는 초보였다니…….'

'지금 하는 일이 나랑 안 맞나? 정말 다른 일을 알아봐야 하나?'

자존감이 바닥으로 떨어지고 주체할 수 없는 열등감이 밀려왔다. 업무적 소진은 더욱 심해졌다. 사람들을 만나면 슬금슬금 피하기까지 했다. 왠지 모두 나를 비웃는 것만 같았다. 그렇게 더 깊은 수렁 속으로 굴러떨어졌다.

세상에서 제일
좋은 엄마가 되고 싶었던,
불행한 엄마

워커홀릭 엄마의 엑셀 태교

나는 워커홀릭이다. 결혼하기 전에 사람들이 가족, 휴식, 오락, 일 가운데 우선순위를 정하라고 하면 주저 없이 "일이 1등, 2등, 3등이고 나머지는 모두 4등"이라고 말할 정도였다. 그래서 결혼을 할 때에도, 임신 계획을 세울 때에도 언제나 1순위는 일이었다. 업무에 지장이 없는 선에서 결혼식을 올리고, 업무에 지장이 없는 선에서 아기를 가졌다.

첫째 임신 계획을 세울 때 가장 중요하게 생각했던 건 기관 평가였다. 3년 농사의 결과물이 상위 기관의 평가를 통해 증명되는 만큼 모든 걸 쏟아부어야 했다. 그래서 3월에 임신하고, 10월에 무사히 평가를 마치고, 12월에 아이를 낳았다. 정말 철저한 계획 임신이었다.

물론 출산 휴가도 다 사용하지 않았다. 노동법상 산전 휴가 3개월과 육아 휴직 12개월을 보장해주는데, 나는 4개월 만에 자리로 돌아왔다. 그만큼 일하는 게 재미있고 보람 있었다.

둘째 역시 기관 평가를 준비하기 위해 계획 임신으로 가졌다. 게다가 이번에는 아예 육아 휴직을 사용하지 않고 산전후 휴가 3개월만 거친 뒤 바로 복귀했다. 일을 하지 않으면 왠지 내 자신의 존재 가치가 절하되는 것 같았다. 집에 있으면서도 회사의 내 자리가 그리웠다. 그래서 주변 사람들이 태교를 어떻게 했냐고 물어보면 나는 농담으로 이렇게 말한다.

"엑셀이요."

그만큼 나는 일에 미친 사람이었다.

좋은 엄마가 되지 못하면 어떡하지

지금 생각해보면 사실 우리 부모님은 자녀 양육에 소질이 없는 편이셨다. 바르게 훈육하는 방법에 대해 잘 모르셨던 부모님은 본인들이 어릴 때 자랐던 방식으로 나를 키웠다. 예의범절을 강조하면서 조금이라도 잘못하면 따끔하게 매를 드셨고, 때로는 과하다 싶을 정도로 혼내셨다. 하지만 천성적으로는 마음이 여린 분들이었던지라

금세 미안한 마음을 표하며 애정을 쏟아부으셨다. 아마 내가 늦둥이 외동딸이어서 더 그랬던 것 같다.

체벌과 과보호 사이를 오가는 일관성 없는 환경에서 자라다 보니 나는 어떤 감정으로 부모님을 대해야 할지 모르는 불안한 상태로 어린 시절을 보냈다. 어떨 때는 부모님이 나를 정말 사랑하는 것 같았고, 어떨 때는 나를 죽이고 싶을 정도로 미워하는 것처럼 느껴졌다. 내 마음속의 소용돌이는 결혼을 하고 아이를 낳을 때까지도 쉽게 정리되지 않았다.

사람은 보통 본인이 자란 방식대로 자신의 아이를 양육한다고 한다. 좋든 싫든 부모의 영향으로부터 자유로울 수 없다는 말이다. 하지만 나는 체벌하는 부모가 되고 싶지 않았다. 아이들이 부모를 무서워한다는 건 그 자체로 비극이라 생각했다. 그렇다고 오냐오냐 키워서 어리광이나 부리는 아이가 되는 것도 싫었다. 그저 아이가 세상에서 가장 믿는 두 사람이 있다면 나와 남편이길 바랐다.

육아에 대한 분명한 소신이 있었기 때문에 임신 계획을 세우면서부터 불안한 점이 많았다. 가장 큰 걱정거리는 내가 워커홀릭이라는 사실이었다.

'내가 모성이 없으면 어떻게 하지? 내 아이가 사랑스러워 보이지 않으면 어떻게 하지? 일 욕심에 아이한테 최선을 다하지 못하면 어떻게 하지?'

내가 일에 집착한다는 사실을 아는 주변 사람들도 걱정하기는 마찬가지였다. 그들은 배가 불러오는 나에게 출산 육아 관련 책을 읽고, 다양한 부모 교육도 들어보라고 권유했다. 의외로 나와 비슷한 고민을 가진 사람들이 많다며 책을 읽어보면 도움이 될 거라고 했다.

실제로 책에는 '모성은 타고 나는 것이 아니라 만들어지는 것이며, 사람도 자주 만나야 정이 쌓이듯 아이도 자꾸 보고 나와 닮은 점을 찾으면 점점 사랑스러워진다'라고 적혀 있었다. 그 구절을 읽으며 나는 눈가가 촉촉해지는 걸 느꼈다. 누가 봐도 당연한 얘기인데 책에 적혀 있다는 사실만으로도 든든한 위로가 되었다.

나는 정말 좋은 부모가 되고 싶었다. 왜냐하면 나에게는 그런 좋은 부모가 없었기 때문이다.

시어머니, 제발 며느리 전화 좀 받으세요

태어난 지 100일도 안 된 첫아이를 어린이집에 보냈다. 상사가 퇴사하면서 공석이 생겼는데, 회사는 내가 빨리 돌아와 그 자리를 메웠으면 하는 눈치였다. 나 역시 복귀해서 일하고픈 마음이 슬금슬금 피어오르던 시점이었다. 첫아이를 어린이집에 보낸 건 여러모로 어쩔 수 없는 선택이었다.

그런데 얼마 지나지 않아 문제가 생겼다. 건강하게 잘 지내던 아이가 어린이집에 다니면서 잔병치레를 하기 시작한 것이다. 밤낮을 가리지 않고 병원에 드나드는 일이 잦아졌다. 그러자 양평에 계시는 시부모님께서 먼저 아이를 봐주겠다고 제안하셨다. 반갑고 고마운 마음에 덥석 시부모님의 손을 잡았다. 그때부터 우리 부부는 매주 일요일 저녁 아이를 시댁에 데려다주고 금요일 저녁에 데려오는 주말 육아를 시작했다.

시댁에서 아이를 봐주니 우선 일에 집중할 수 있는 시간이 늘었다. 매일 칼퇴근하지 않아도 되고, 미팅이나 회식에도 자유롭게 참석할 수 있었다. 늦게까지 잠도 잘 수 있고, 편하게 텔레비전을 보며 저녁을 먹을 수도 있었다. 정말 꿀처럼 달콤한 시간이었다. 시어머니께서 화가 잔뜩 난 목소리로 전화를 하기 전까지는 말이다.

시어머니와 나는 아이를 양육하는 방식 자체가 달랐다. A부터 Z까지 하나도 일치하는 게 없었다. 나는 복직을 해야 하니 모유 수유를 4개월만 하겠다는 생각이었는데 시어머니는 1년을 말씀하셨다. 분유를 탈 때도 나는 끓인 생수를 식혀서 사용했는데, 시어머니는 보리차를 썼다. 이유식을 만드는 법도 달랐다. 나는 연령에 따라 이유식 재료를 달리했는데, 시어머니는 꼭 고기를 먹여야 하신다며 고깃국으로 만들었다. 아이를 재울 때에도 나는 아이를 침대에 누여서 재운 반면, 시어머니는 등에 업어서 재웠다.

서로 다름을 인정하고 존중했다면 좋았겠지만, 우리는 각자의 방법이 옳다고 생각했다. 시어머니는 자식을 키워본 선배 엄마의 입장에서 경험을 강조했고, 나는 젊은 엄마의 입장에서 최신식 육아 방법을 선호했다. 두 사람의 기 싸움에 피해를 본 건 결국 아이였다. 아이는 며칠 단위로 바뀌는 양육 방식에 혼란스러워했다. 엎친 데 덮친 격으로 잦은 환경 변화에 노출된 아이가 베개와 젖병에 집착하는 불안 증세를 보였다. 부모와 떨어지는 시간이 길어지면서 심적으로 의지할 데가 필요했던 것이다. 시어머니와 나는 아이에 대한 책임을 두고 점점 감정의 골이 깊어졌다.

결국 1년 뒤 아이가 완전히 집으로 돌아왔을 때에는 고부 갈등이 수습하기 어려울 정도로 극에 달했다. 6개월 동안 시어머니께서 내 전화를 아예 받지 않을 정도였다. 지금 돌이켜보면 그때는 왜 그렇게 철없이 굴었는지 죄송하기만 하다. 연세 많으신 시어머니께서 손주를 봐주신다는 것만으로도 감사한 일인데, 그때는 미처 그걸 몰랐다.

독박 육아에서 육아 지옥으로

첫째 출산 이후 5년 동안 독박 육아를 경험했다. 시부모님이 아이를 봐준 1년 정도를 제외하면 나머지 시간의 육아는 오로지 내 몫이었다. 남편의 직장은 자동차로 왕복 3시간이나 걸리는 곳에 있었다. 아침 7시에 집을 나서면 일러도 저녁 9시는 되어야 집에 돌아왔다. 반면 내 직장은 버스로 15분 거리에 있었다. 아이에게 아침을 먹이고, 어린이집에 데려다 주고, 다시 집으로 데려오고, 저녁을 먹이고, 놀아주고, 재우는 모든 것이 자연스레 내 일이 되었다.

제때 출근하려면 못해도 아침 8시에는 아이를 어린이집에 맡겨야 했다. 하지만 가정 어린이집은 교사 사정으로 늦게 문을 여는 날이 종종 있었다. 그럴 때면 초조한 심정으로 시계를 들여다보며 교사가 출근하기만을 목이 빠지게 기다렸다.

퇴근할 때도 초조하기는 마찬가지였다. 다른 아이들은 오후 4시가 되면 모두 집으로 돌아가는데, 우리 아이만 6시까지 덩그러니 혼자 남아 엄마를 기다렸다. 헐레벌떡 어린이집으로 뛰어 들어가면서 싸늘하게 식은 교사의 눈치를 보는 일도, 집에 오자마자 앉을 틈 없이 저녁을 준비하는 일도 내게는 스트레스였다.

독박 육아를 하며 직장에서의 소진을 경험했다. 그 와중에 살아보겠다고 매달린 대학원에 일곱 번이나 떨어졌다. 그리고 이듬해 둘째가 태어났다. 대학원은커녕 세 살 터울의 형제 육아가 내 몫이 되었다. 아이 두 명의 육아는 2배가 아니라 5배 아니, 10배의 육아 지옥이 될 수 있다는 걸 그제야 알았다.

어려움을 줄이고자 회사 바로 옆으로 집을 옮겼다. 집에서 회사가 보이는, 걸어서 3분 거리의 집이었다. 하지만 아침은 언제나 전쟁이었다. 남편 출근시키고, 아이 둘 밥을 챙겨 한 숟가락 먹이고, 옷 입히고, 첫째는 손을 잡고, 둘째는 유모차에 태워서 집을 나서면 온몸은 이미 땀으로 범벅이 되었다. 아이들이 가는 어린이집도 달랐다. 첫째는 일반 어린이집에, 둘째는 영아 전담 가정 어린이집에 맡겼다. 그렇게 아침을 보내고 회사에 가면 출근을 한 건지 퇴근을 한 건지 모를 정도로 진이 쏙 빠졌다.

'내가 왜 이렇게 힘들게 살아야 할까? 왜 아이를 키우는 건 모두 내 몫인 걸까?'

생각할수록 남편이 미웠다. 매일같이 남편에게 짜증을 내고, 남편이 하는 말에는 대답도 안 했다. 그런데도 천성이 착한 남편은 내게 화를 내지 못하고 안으로 삭히기만 했다. 서로 불만이 쌓이는 게 느껴졌지만 대화의 창은 쉽게 열리지 않았다.

일촉즉발의 상황이 하루하루 이어졌다.

소진+열등감+죄책감
=워킹맘 자존감

10년 만에 멈춰 선 나의 인생

앞만 보고 달려온 인생이 갑자기 멈춰 섰다. 타이어가 펑크 났는지, 엔진에 문제가 생겼는지, 연료가 떨어졌는지, 아무것도 모르는 상황에서 길 위에 홀로 남겨졌다. 다른 사람들은 쌩쌩 달려가는데, 신나게 음악도 틀어놓고 달리는데 나만 멀뚱멀뚱 서서 어찌할 바를 모르고 있다. 어쩌면 너무 오랫동안 쉬지 않고 달려왔는지도 모르겠다. 본격적인 자기 점검이 필요한 시점이었다.

첫 번째 질문, 왜 나는 모든 에너지가 소진되었는가?

운 좋게 취업을 했다. 다행히 맡은 업무가 적성에 잘 맞았고, 좋은 선배들과 리더들을 만난 덕분에 수월하게 직장 생활을 했다. 중간에 힘들다고 그만두는 사람들을 보면 이해할 수 없었다. 나는 이렇게 일이 재미있는데, 하고 싶은 게 더 많은데 왜 스스로 일터를 박차고 나가는 걸까? 이제 그 질문을 나에게 해야 한다. 전안나, 너는 무엇을 위해 일하는 거지? 왜 매일같이 회사에 출근해 스트레스를 받고 밤늦게까지, 주말까지 야근을 하는 거지?

직장 생활 10년 만에 찾아온 이 질문에 워커홀릭은 제대로 답변할 수 있을까?

두 번째 질문, 나를 둘러싼 열등감은 어디에서 오는가?

오늘날 대한민국 사회에서 사람을 평가하는 잣대는 분명하다. 학력, 스펙, 업무 능력, 연봉, 외모, 경제력……. 인정하고 싶지 않지만 현실은 현실이다. 텔레비전에 나오는 자연인이 아닌 이상 대부분의 사람이 이 잣대에 맞춰 살아가고, 어느 정도 위치에 있느냐에 따라 자존감이 형성된다. 평균에 못 미치는 사람은 열등감에 시달릴 수밖에 없다.

전안나의 학력은? 별로이다. 졸업한 대학교 이름을 말하면 사람들이 어떤 학교인지 몰라서 늘 추가적인 설명이 필요하다.

전안나의 스펙은? 없다. 외국어 공인 시험을 한 번도 본 적이 없고, 당연히 잘하는 외국어도 없다. 어학연수나 유학은 물론이고, 그

흔한 인턴 한 번 경험해본 적도 없다.

전안나의 업무 능력은? 별거 아니더라. 나름 자신 있는 분야였는데, 전 세계 10년차 직장인들과 비교해보니 진짜 아무것도 아니더라.

전안나의 연봉은? 처음 취직할 때 각종 세금을 떼고 80만 원대 월급을 받았다. 업무 자체가 고액 연봉을 받을 수 있는 분야가 아니다. 14년차 경력직인 지금도 마찬가지다.

세 번째 질문, 내가 느끼는 죄책감은 무엇인가?

5년 전부터 좋은 며느리가 아니라는 죄책감에 시달렸다. 동시에 옛날식 육아 방식을 고집하면서 나를 타박하는 시어머니가 너무 미웠다. 좋은 아내가 아니라는 죄책감에도 시달렸다. 동시에 육아를 돕지 못하고, 아무것도 해줄 수 없는 남편이 미웠다. 나중에 남편도 회사에서 힘든 일을 겪었다는 사실을 알고 나서는 더 큰 죄책감에 시달렸다.

가장 큰 죄책감은 아이들에게 최선을 다하는 좋은 엄마가 되지 못한다는 사실에서 비롯됐다. 이런 나를 방어하기 위해 툭하면 아이들에게 화를 내었다. 어느새 내가 가장 닮고 싶지 않아 했던 엄마가 되고 있었다.

모든 인간은 상처 입을 수 있는 가능성을 갖고 있다. 철학자들은 정신적·심리적으로 상처 받는 것이 인간의 보편적 조건 가운데 하나라고 얘기한다. 하지만 내가 처한 상황은 인간의 조건마저 포기하게 만들 정도로 가혹했다. 최소한 내가 느끼기엔 그랬다. 말 그대로 나는 와르르 무너져버렸다.

현실을 탈출하고 싶은 내 이름은 워킹맘

내 삶의 전부라고 생각했던 일과 가정에서 모두 실패했다. 어느 순간 눈을 떠보니 좋은 직장인도, 성실한 대학원생도, 사랑받는 좋은 엄마도 아니었다. 필연적으로 우울증이 찾아왔다. 재미있는 장면을 보아도, 맛있는 음식을 먹어도, 주말에 늘어져라 잠을 자도 기쁘지 않았다. 사람의 가장 기본적인 욕구인 수면욕, 식욕, 성욕이 모두 사라졌다.

회사에서 주는 점심 한 끼만 먹으며 몇 달을 버텼다. 어쩔 수 없이 남편과 아이들의 밥만 챙겨주고 안방에 멍하니 누워 있었다. 남편과 아이들이 잠들고 나면 거실에 앉아 소리 없는 텔레비전을 바라보며 시간을 보냈다. 본 걸 또 보고, 또 봤다. 늦은 새벽, 텔레비전마저 꺼지고 나면 아무 책이나 꺼내어 뒤적이다가 뿌옇게 밝아오는 창을 확인하고는 억지로 눈을 감았다.

그렇게 몇 달이 흐르자 몸무게가 5kg이 빠졌다. 스무 살 이후로 줄곧 52kg의 몸무게를 유지했는데, 5kg이 빠졌다. 심지어 아기를 낳은 뒤에도 몸무게가 늘거나 줄지 않았는데 말이다. 원래 체구가 작고 말랐던 나에게 5kg은 의미 있는 숫자였다. 그만큼 내 영혼의 무게도 줄어든 것 같았다.

그때 나는 병원에 입원하는 것이 소원이었다. 나를 24시간 붙잡고 있는 육아도, 집안일도, 회사일도 다 때려치우고 병원에 입원해서 수면제를 먹고 닷새 동안 잠만 자고 싶었다. 정말 이렇게 살다가는 죽을 것 같았다.

그러나 방법이 없었다. 나는 '나'이기 전에 엄마이고, 직장인이었다. 아침 8시부터 저녁 6시까지는 직장에 있어야 하고, 저녁 6시부터 9시까지는 두 아이들을 돌보면서 집안일을 해야 했다. 내가 아니면 이 일을 누가 대신 해줄 것인가. 그나마 탈출구로 삼았던 길이 대학원 진학이었는데 여러 번 떨어지면서 오히려 자존감만 떨어졌다.

궁여지책으로 선택한 방법이 산책이었다. 남편이 퇴근해서 9시에 집에 오면 매일 1시간씩 동네를 걸었다. 음악을 들으면서 아무 생각 없이 1시간이고, 2시간이고 걷다가 돌아오면 답답함이 조금은 사라지는 것 같았다.

물론 '워킹맘'이라는 현실은 조금도 바뀌지 않았지만…….

다시 만난 책,
나를 살려줘

2천 권을 읽으면 머리가 트인다고?!

재미없고 지루한 날들이 지치지도 않고 계속되었다. 아침마다 해는 동쪽에서 뜨고, 서쪽으로 졌다. 아이들은 잘 먹고, 잘 울고, 잘 잤고, 남편은 여전히 저녁 시간을 훌쩍 넘긴 뒤에야 물 먹은 베개가 되어 돌아왔다. 그나마 바뀌는 거라곤 회사에서 주는 점심 메뉴와 그때그때 해결해야 할 일의 목록뿐이었다.

그날도 평소와 다르지 않았다. 회사 인트라넷에 기한이 지나기 전에 반드시 직무 교육을 받으라는 공지가 떠 있었다. 또 무슨 교육이람. 평소 같으면 어떤 걸 들을까 설레는 마음으로 이것저것 살펴봤겠지만, 컨디션이 컨디션인지라 시큰둥하기만 했다. 그나마 눈에 띄는 강의가 박상배 강사의 〈독서 경영〉이었다. 그래도 내가 왕년에 책은 좀 읽었으니까.

강의실에 도착해 알고 보니 박상배 강사는 『인생의 차이를 만드는 독서법 본깨적』(박상배 저 | 예담)이라는 책까지 낸 작가였다. "책아, 날 살려라!"라는 표지의 카피가 꽤 재미있었다. '살려달라'는 말이 왠지 내가 마음을 대변하는 것 같아 쓴웃음이 배어나왔다.

박상배 강사는 독서의 중요성을 여러 번 강조했다. 업무 생산성을 높이기 위해서, 성과를 극대화하기 위해서 늘 책을 곁에 두라고 말했다. 누구나 할 수 있는 얘기라고 생각했다. 마치지 못하고 미뤄둔 업무가 머릿속을 맴돌았다. 오늘 저녁에는 어떤 반찬을 만들어야 할지 고민되었다. 그때 강사의 입에서 나온 한마디가 뒤통수를 때렸다.

"2천 권의 책을 읽으면 머리가 트입니다."

그는 회사를 그만두고 2천 권의 책을 읽었더니 정말 머리가 트이고, 책을 읽은 것만으로도 다시 새로운 직업을 가지게 되었다고 말했다. 이거다 싶었다. 내 머리는 이미 굳은 지 오래였다. 생각만큼 머리가 따라주지를 않으니 가슴이 답답하고 마음도 무거졌다. 머리가 트이면 숨통도 틀 수 있겠다 싶었다.

박상배 강사처럼 회사를 그만두고 독서에 올인할 자신은 없었지만, 육아 틈틈이, 직장 생활 틈틈이 매달릴 수는 있을 것 같았다. 매일 밤 휴식 시간을 슬렁슬렁 산책이나 하며 보내는 것보다는 낫지 않을까. 게다가 독서는 오래전부터 내 소중한 친구였다. 직장 생활을 하면서 바쁘다는 핑계로 멀리하긴 했지만 말이다.

책, 너는 내 운명

강의를 듣고 돌아오는 길 내내 책에 대해 생각했다. 책을 처음 만난 건 언제였더라? 학창 시절에는 책을 정말 즐겁게 읽었는데…… 언제부터 멀리하게 되었을까? 내 인생에 책은 어떤 의미일까?

첫 만남

초등학교 1학년 여름방학 때 교통사고로 오른쪽 팔이 부러졌다. 황금 같은 방학을 답답한 병원에 갇혀 보내야 했다. 심심했다. 너무너무 심심했다.

어린 딸이 병원생활을 못 견뎌하자 아버지는 집에 있던 책을 몇 권 들고 왔다. 『초등학생 대표 명작』, 『한국을 빛낸 위인들』 같은 어린이책이었다. 평소 거들떠도 안 보던 것들이었지만, 너무너무 심심했기 때문에 책이라도 읽어야 했다. 아침에 일어나서 읽고, 밥 먹고 읽고, 낮잠 자고 일어나서 읽고, 자기 전에 읽고, 그렇게 읽고 또 읽었다.

퇴원한 뒤에야 책 읽기가 습관이 되었다는 사실을 알았다. 새 책이 생기면 이불 속에서 몰래 손전등을 켜고 읽었다. 다음 이야기가 궁금해서 견딜 수가 없었다. 가장 재미있게 본 책은 아서 코난 도일의 『셜록 홈스 시리즈』였다.

감옥이나 병원 등에 몸이 묶이면서 다독가로 거듭나는 사람들이 있다. 나 역시 한 달 동안의 병원 생활을 통해 '책'이라는 소중한 친구를 만들었다.

방황기의 유일한 친구

10대 후반부터 대학교 1학년 때까지는 오직 『성경』만 읽었다. 부모님과의 갈등과 심한 체벌이 이어지면서 중학생 때부터 마음고생을 심하게 했기 때문이다. 방황이 극에 달했을 때에는 자살을 시도하기도 했다.

남들은 한창 치열하게 공부할 시기에, 나는 마음을 달래려고 『성경』과 주석서를 거듭 읽었다. 읽다가 지루하면 노트에 빼곡하게 필사를 했다. 그러면서 신은 있는지, 있다면 무엇인지, 나는 왜 태어난 것인지, 왜 나에게 이런 삶을 준 것인지 묻고 또 물었다. 답을 찾고 싶었다.

물론 그 답을 그때는 찾지 못했다. 하지만 『성경』이라는 책이 있었기에 마음을 의지하고 삶을 견뎌낼 수 있었다. 『성경』은 내가 가장 힘든 시기에 내 옆에 있어준 든든한 친구다.

입덕 신고

책으로 가득한 도서관이 너무 좋았다. 언제든 책을 읽고 싶은 마음에 대학 도서관에서 인생 첫 아르바이트를 시작했다. 어깨너머로 책 분류법을 배우고, 책을 빠르게 찾는 노하우도 익혔다. 일하는 시간, 쉬는 시간 가리지 않고 읽다가 퇴근 시간이 가까워지면 빌려 가서 읽었다. 분야에 상관없이 마구잡이로 읽었다.

대학교 3학년 때에는 학생, 교직원, 교수 구분 없이 전교에서 대출을 가장 많이 한 사람으로 선정되어 교내 소식지에 소개되기도 했다. 그야말로 책덕후였다. 이때까지만 해도 책을 읽는다는 게 참 재미있고 즐거운 일이었다.

책 읽는 일

우리 회사에서는 한 달에 한 권씩 책을 읽고 독후감을 제출하는 〈독서 나눔〉을 실시하고 있다. 모든 직원이 한 달에 한 권 이상은 꼭 읽을 수밖에 없는 시스템이다. 회사 내에도 독서하는 분위기가 형성되어 있다. 나 역시 왕년에 책 좀 읽었던 사람으로서 직원 교육 제도의 일환으로 독서를 십분 활용하고 있다. 요즘처럼 책을 읽지 않는 시대에 이처럼 좋은 제도가 또 있을까 싶다.

지금, 다시

몇십 년 동안 책은 나에게 호기심과 즐거움, 치유 그 자체였다. 그런데 직장인의 삶을 살면서부터는 책을 형식적으로 대하기 시작했다. 시간이 부족하다는 핑계로 꼭 필요한 책만 최소한으로 읽었다. 회사에서 필독서로 정한 책, 업무에 필요한 책이 아니면 손에 잡지 않았다. 업무에 필요한 책도 핵심 부분만 골라서 읽었다. 회사 안에 독서하는 분위기가 형성되어 있다고는 하지만, 그 역시 일의 연장이라는 분명한 한계가 있었다.

그러면서도 '나는 꾸준히 독서를 하고 있다'고 스스로 위로했다. 명백한 자기기만이었다. 어쩌면 내게 찾아온 우울증은 더 이상 나를 속이지 말라는 책의 경고인지도 몰랐다.

우연히 참여하게 된 독서 강연을 통해 나는 다시 책을 만나기로 결심했다. 그냥 하는 독서가 아닌, 내 삶에 영향을 미치는 독서를 통해 숨통을 트기로 했다.

하루 한 권씩
1천 권 정복하기

오늘부터 당장 읽기

1978년 노벨 평화상을 수상한 이집트 전 대통령 안와르 사다트는 이렇게 말했다.

"거대한 시련은 인간 완성과 자기 인식의 기회를 제공한다."

내 삶은 거대한 시련을 지나고 있었다. 매일매일 죽을 것 같은 시간의 연속이었다. 그래서 생각했다.

'살기 위해 매일 책을 읽자. 책은 산소마스크다. 매일 책밥을 먹자.'

하루 한 권씩 1천 권을 읽겠다는 〈1천 권 독서법〉은 그렇게 간절한 마음으로부터 시작되었다.

내가 하루 한 권 독서를 시작한 때는 11월이다. 11월 1일도 아니고 중순쯤이었다. 박상배 강사의 〈독서 경영〉을 들은 날 '1천 권 읽기'를 결심하고 바로 시작했다.

책을 사기 위해 서점에 가거나 도서관에 들를 시간도 없었다. 집에 있는 책 가운데 흥미로워 보이는 걸 5권 골라 책상 위에 쌓아놓고 무조건 읽었다. 5권 모두 언제 누가 샀는지 기억조차 나지 않는 책이었다.

마음을 먹었으니 오늘은 장기적인 계획을 세우고 내일부터 읽을 수도 있었다. 큰일을 시작하기 전에 거하게 출정식을 가질 수도 있었다. 그런데 그런 과정을 모두 생략하고 바로 읽기 시작한 이유는 스스로에게 변명하기 싫어서였다. 조금이라도 책 읽기를 게을리 할 빌미를 주기 싫어서였다. 나는 이미 준비가 안 되었다는 이유로, 바쁘다는 이유로 10년 동안 열심히 타협하며 살아왔다.

지금까지 회사를 14년 동안 다녔지만, 한가했던 날은 단 하루도 없었다. 하루 업무의 20% 이상은 계획하지 않은 일들이 우발적으로 생겼다. 매일 새로운 일이 생기고, 전에 없던 경우가 발생하는 게 우리가 전쟁을 벌이는 현장이다.

앞으로도 한가하게 책 읽을 시간은 없을 것이다. 바쁜 와중에도 틈을 내어 읽는 게 독서다. 죽을 것처럼 절박한 사람에게 한가한 독서는 사치다.

우리는 모두 아웃라이어가 될 수 있다

〈1천 권 독서법〉의 출발점은 말콤 글래드웰이 쓴 『아웃라이어』 (말콤 글래드웰 저 | 김영사)라는 책이었다. 사실 나는 '아웃라이어'라는 단어가 정확히 무슨 뜻인지도 몰랐다. 그냥 어감이 마음에 들어서 뽑아든 책이었다. 이 책을 읽은 뒤 나는 독서 기록장에 이렇게 적었다.

"아웃라이어는 보통 사람들의 범주를 벗어나 성공을 이룬 사람들을 일컫는다. 우리는 쉼 없는 노력으로 누구나 아웃라이어가 될 수 있다. 아웃라이어가 되기 위한 성취 공식은 '재능+연습'이다.
단, 혼자서 성공하는 사람은 없다. 아웃라이어들도 자기 길을 걷는 도중에 도움을 받곤 한다. 직원 또는 아이가 후천적 재능과 가능성을 계발할 수 있도록 충분한 시간을 주어야 한다. 1만 시간의 노력을 실천할 수 있도록 기회를 줄 것!"

보통 사람들의 범주를 벗어나 성공을 이룬 사람들은 대체 어떤 사람들일까? 나도 그들처럼 되고 싶다는 도전 의식이 슬며시 고개를 들었다. 재능에 연습을 더하면 누구나 될 수 있다고 하는데, 나에게는 어떤 재능이 있는지도 궁금했다.
뛰어난 재능을 가진 아웃라이어들이 혼자가 아니라는 점도 인상적이었다. 그들은 주변의 도움을 받는 데 인색하지 않았고, 충분한 시간을 투자해 자신의 길을 개척했다. 책을 덮으며 나는 생각했다.

'나는 책 읽기를 좋아한다. 그동안 멀리했지만 독서야말로 별다른 재주를 갖지 못한 내가 남들보다 오랫동안 꾸준히 할 수 있는 일이다. 그러니 나를 위해 하루 3시간만 투자하자. 하루 한 권씩 꼭 1천 권을 읽어내자!'

아무래도 사람이 읽는 책에는 그 사람의 마음이 반영되는 것 같다. 〈1천 권 독서법〉을 시작한 뒤 나는 한 달 동안 평균 하루 1권씩 모두 29권의 책을 읽었다. 분야는 자기계발 서적 9권, 부모 교육 서적 7권, 종교 서적 6권, 업무 관련 서적 6권, 건강 서적 1권이었다.

도서 목록 가운데 자기계발 서적과 종교 서적의 비율이 높은 건 열등감으로 힘든 마음을 달래고자 하는 욕심이 컸기 때문이다. 아이들에게 좋은 엄마가 되지 못한다는 죄책감을 달래기 위해 부모 교육 서적도 7권이나 읽었다. 직장에서의 활력을 되찾기 위해 업무 관련 서적을 6권 읽었고, 몸이 안 좋았던 상태라 건강 서적도 1권을 읽었다.

첫 한 달 동안의 도서 목록을 보며 나는 가끔 그때의 기분을 떠올리곤 한다. 업무적 소진, 열등감, 죄책감에 빠져 허우적거리던 날들을. 그때 읽었던 책들이 모두 도움을 준 건 아니다. 어떤 책은 똑같은 얘기를 반복하다 끝을 흐지부지 얼버무렸고, 어떤 책은 지금 생각해봐도 허무맹랑한 이야기만 하다 끝냈다. 그러나 그 책들이 있었기에 오늘날 건강한 몸과 마음을 자랑하는 내가 존재하는 것은 분명하다.

다시 한 번 힘들 때 곁에 있어준 책들에게 고마움을 표한다.

책을 많이 읽었다고 해서 하루 아침에 세상이 바뀌는 건 아니다. 육아책을 많이 읽었지만 아직도 아이를 키우기 어렵고, 재테크책을 많이 읽었지만 돈을 모으지도 못했다. 책은 책이고, 현실은 현실이다.
다만 책을 많이 읽었더니 전보다 마음이 풍성해지고, 지식과 지혜가 쌓였으며, 스스로 나은 사람이 되었다고 자신할 수 있게 되었다. 그리고 무엇이든 배우는 자세를 얻었다.

2부
읽으면 삶이 바뀐다

책과 함께하는
불면의 밤

불면증도 사라지게 하는 독서의 힘

처음에는 하루 한 권 책 읽기가 쉬웠다. 무슨 말도 안 되는 소리냐며 반박할 수 있다. 하지만 그 당시는 불면증으로 하루에 20시간 이상 깨어 있던 시기라 책 읽을 시간이 남아돌았다. 남들은 책을 펼치면 잠이 쏟아진다는데, 나는 책 한 권을 다 읽고도 정신이 말똥해서 오히려 죽을 지경이었다.

책 읽는 속도가 빠르다는 점도 하루 한 권 책 읽기에 도움이 되었다. 동시에 여러 가지 일을 잘하는 사람들이 있다. 그런 사람들은 일을 할 때 시간을 매우 효과적으로 활용한다. 그런데 나는 한 번에 하나만 할 수 있다. 소위 말하는 '멀티'가 어렵다. 대신 한 번 집중하면 누구보다 빠른 속도로 일을 처리할 수 있다. 책 읽기도 마찬가지다. 한 번 몰입하면 웬만한 책은 2~3시간 안에 완독할 수 있다. 읽기만 하는 게 아니라 필요한 부분을 노트에 적기도 하고, 다 읽은 뒤에는 핵심 내용을 간추리기도 한다.

물론 모든 책을 다 빨리 읽는 것은 아니다. 어떤 책은 한 글자 한 글자를 머릿속에 새기면서 읽고, 또 어떤 책은 일부러 천천히 음미하며 읽는다. 또 어떤 책은 몇 날 며칠을 읽어도 무슨 내용인지 몰라 아예 포기하기도 한다. 중요한 건 책을 얼마나 많이 빠르게 읽느냐가 아니라 '매일 책을 읽는다'는 사실이다.

그렇게 〈1천 권 독서법〉을 시작하고 한 달 동안 나는 29권의 책을 읽었다. 지금 생각해봐도 정말 빠른 속도다. 그런데 나중에는 불면증이 사라지면서 오히려 책 읽는 시간을 확보하기가 어려워졌다. 어느 순간부터 책을 펼치면 잠이 솔솔 쏟아졌다. 어떻게 보면 좋은 일이고, 어떻게 보면 안타까운 일이다.

그 뒤 점점 시간 관리 노하우가 쌓여서 이제는 출근 전, 업무 시작 전, 점심시간, 퇴근 전, 아이들 잠든 후 등 짬짬이 시간을 활용해 책을 읽는다. 짬짬이 시간만 모아도 하루 2~3시간은 충분히 확보할 수 있다.

삶의 에너지를 끌어올리는 독서의 힘

독서는 삶을 업그레이드시킨다. 천재나 부자가 된다는 뜻은 아니다. 나 역시 책 1천 권을 읽었다고 해서 누구를 가르칠 정도로 똑똑해지거나, 돈을 많이 번 것은 아니다. 오히려 책 사느라 돈을 썼으면 썼지, 벌지는 못했다. 하지만 분명 독서는 삶에 대한 만족감을 업그레이드시킨다.

에너지 소진과 열등감, 죄책감에 시달리던 나는 독서를 통해 삶을 바꾸고 싶었다. 먼저 100권을 읽었을 때 마음이 안정되는 걸 느꼈다. 200권을 읽자 반쯤 포기했던 대학원에 붙었고, 독서 능력을 인정받아 장학금도 받았다. 300권을 읽자 열등감이 어느 정도 극복되면서 누군가를 미워하고 원망하는 마음이 사라졌다. 500권을 읽자 일상생활과 업무에 적용할 만한 아이디어가 떠오르면서 의욕이 차올랐고, 800권을 읽은 뒤에는 독서를 제대로 이해하고 싶어 '독서 지도사' 자격증을 취득했다. 읽는 사람에 머무르지 않고 쓰는 사람이 되고 싶다 생각한 것도 이 즈음이다. 그리고 1천 권을 읽은 지금 작가가 되었다.

앞으로의 나는 또 어떤 모습으로 살아가게 될까? 책을 읽기 시작한 뒤로는 하루하루가 기대의 연속이다. 무엇이라 형용할 수 없는 에너지가 안에서 샘솟는 게 느껴진다. 가지 않은 길에 대한 설렘이 늘 가득하다.

물론 독서만으로 이렇게 삶이 바뀐 것은 아니다. 오래전 뉴스에서 책을 훔치다 잡힌 노숙인 이야기를 들었다. 책을 그렇게 좋아하는데 어쩌다 저 지경에 이르렀을까 싶었다. 책 좋아하는 사람치고 어렵게 사는 사람을 본 적이 없는데……. 결론은 행동이었다. 독서를 통해 아무리 깨달음을 얻고 지식을 쌓아도 삶에 반영하지 않으면 소용이 없다. 현실에서 구체화하지 않는 깨달음은 껍데기에 불과하다.

나는 책을 읽는 것만큼이나 평소 생활에도 최선을 다했다. 14년 동안 결근이나 지각 없이 직장을 성실하게 다녔고, 나를 다섯 번 떨어뜨린 Y대학원에 입학해 과대표도 했다. 자기주도학습 지도사와 독서 지도사 자격증을 취득하면서 두 아이의 양육도 게을리하지 않았다. 독서를 마중물 삼아 내 안의 에너지를 끌어올렸다. 그렇게 얻은 에너지는 그 자체로 순수한 자기 발전의 동력이 되어주었다.

독서는 빛바랜 삶을 눈부시게 만들어준다. 특히 우리처럼 직장에 목매인 사람들에게 가장 손쉬우면서도 효과적인 해결책을 제시한다. 자기계발서를 읽으면 내가 계발해야 할 전문성이 무엇인지 알 수 있고, 경제 경영서를 읽으면 생존에 필요한 필수 경제 지식을 얻을 수 있다. 교육서를 읽으면 자녀 진로 계발에 도움을 줄 수 있고, 건강서를 읽으면 보다 건강한 노후를 준비할 수 있다. 어디 이뿐인가. 사회 과학서를 읽으면 사회 구성원으로서 어떤 역할을 수행해야 하는지 깨달을 수 있고, 자연과학서와 인문서를 읽으면 세상을 바라보는 시야가 한층 넓어지는 걸 느낄 수 있다. 이상은 모두 내가 실제로 경험한 내용이다.

그래서 나는 여러분에게 책 읽기를 권한다. 가끔 책을 읽는 사람이라면 다독을 권한다. 당신이 처한 시련을 음주나 쇼핑, 수다로 해결하지 않았으면 좋겠다. 그건 단순히 순간을 회피하는 데 불과하다. 잠시의 즐거움을 찾지 말고 나를 위해 장기적으로 투자하라. 〈1천 권 독서법〉을 지금 당장 시작하라.

누구나 가능한
하루 한 권 책 읽기

읽지 않아도 매일 책을 펼치는 습관의 힘

〈1천 권 독서법〉을 시작한 뒤 매일 책을 읽었다. 그런데 하루 한 권씩 책을 읽는다고 하면 놀라는 사람이 생각보다 많았다.

"매일 책을 읽을 정도로 시간이 돼요? 애 보기도 바쁘던데……."

"책 내용이 머릿속에 남긴 해요? 시간이 좀 걸려도 제대로 읽는 게 중요하지 않은가?"

"에이, 거짓말하지 마세요. 어떻게 하루 한 권씩 책을 읽어요? 그냥 희망 사항이겠죠."

솔직히 긍정적인 반응보다는 부정적인 반응이 많았다. 그만큼 책이라는 게 우리네 삶과는 거리도 멀고, 오해도 많았다.

그 뒤 〈1천 권 독서법〉에 대해 100명이 넘는 주변 사람에게 설문조사를 했다. 설문조사의 목적은 보통 사람들의 생활 패턴에 걸맞은 실용적인 독서 습관을 찾기 위함이었다. 그 질문 가운데 하나가 '하루 한 권 책 읽기'에 대한 것이었다.

'하루에 한 권씩 책을 읽는 사람이 있습니다. 이때 하루 한 권씩 책을 읽는다는 건 어떤 뜻일까요?'

사람들의 해석은 정말 다양했다. 의견이 분분했지만 대략 정리하면 다음과 같았다.

> **하루에 한 권씩 책을 읽는 사람이 있습니다. 이때 '하루 한 권씩 책을 읽는다'는 건 어떤 뜻일까요?**
>
> 해석 1. 하루에 책 한 권을 조금이라도 읽었다.
>
> 해석 2. 하루에 책 한 권을 처음부터 끝까지 다 읽었다.
>
> 해석 3. 하루에 책을 여러 권 읽지 않고 한 권만 읽었다.
>
> 해석 4. 한 권의 책을 읽기 시작한 날을 의미한다.
>
> 해석 5. 책의 마지막 장을 덮은 날을 의미한다.

〈1천 권 독서법〉을 처음 시작했을 때에는 해석 2처럼 하루에 책 한 권을 다 읽는 게 목표였다. 그때는 잠을 제대로 자지 못하던 시기여서 실제로 매일 책 한 권을 완독했다. 하지만 시간이 지날수록 처음의 결심을 지키기가 어려워졌다. 업무가 밀려서, 아이가 아파서, 가족 행사가 있어서 책 읽는 시간을 내기 어려운 경우가 종종 생겼다.

해석 1처럼 책을 조금만 읽는 날도 있었고, 아예 못 읽는 날도 있었다. 반대로 해석 2처럼 하루에 한 권을 읽는 날도 있었고, 몰아서 여러 권을 읽는 날도 있었다. 매일 한 권을 오롯이 완독하는 '하루 한 권 책 읽기'는 현실적으로 불가능했다. 하지만 하루도 책을 멀리한 날은 없었다. 아무리 바쁜 날에도 잠자리에 들기 전 무조건 책을 펼쳤다. 한 줄을 채 읽기도 전에 곯아떨어졌지만.

결국 '하루 한 권 책 읽기'는 1번부터 5번까지의 해석이 모두 유효하다. 중요한 건 매일 책을 펼치는 습관의 힘이다. 아무리 바쁘고 힘들어도 기운을 얻기 위해 밥을 챙겨 먹듯 책을 가까이에 두고 펼치면 된다. 매일 책밥을 먹자.

여러 곳에서 동시에 펼쳐라

햇수로 5년, 만 3년 10개월 만에 〈1천 권 독서법〉을 완수했다. 날수로 따지면 정확히 1,362일 만이다. 처음의 계획보다 1년 정도가 더 걸린 셈이다.

처음 〈1천 권 독서법〉을 시작한 두 달 동안은 매일 한 권의 책을 완독했다. 그해 11월과 12월에 64권의 책을 읽었으니 어느 정도 성공이라 부를 수 있겠다. 2년차에는 하루 평균 1권보다 조금 부족한 0.85권의 책을 읽었다. 잠자는 시간이 길어지면서 충분한 독서 시간을 확보하지 못한 탓이었다.

가장 큰 위기는 3년차와 4년차에 찾아왔다. 3년차에는 독서 권태기가 찾아오면서 책 읽는 시간이 줄어들었고, 4년차에는 대학원 졸업과 큰아이의 초등학교 입학을 준비하느라 시간을 내지 못했다. 다행히 올해에는 독서에 집중할 수 있는 환경이 조성되면서 8개월 동안 224권의 책을 읽었다.

기간별 독서량					
년차 (책 읽은 시간)	1년차 (2개월)	2년차 (12개월)	3년차 (12개월)	4년차 (12개월)	5년차 (8개월)
계	64권	313권	206권	201권	224권

앞서 말했듯이 '하루 한 권 책 읽기'는 매일 한 권의 책을 완독한다는 뜻만은 아니다. 매일 책을 펴고 시간과 체력이 허락하는 선에서 독서를 즐긴다는 뜻이다.

컨디션이 좋을 땐 책을 5권이나 읽은 날도 있다. 5권의 책을 하루에 처음부터 끝까지 완독하기란 보통 어려운 일이 아니다. 그만큼 시간을 내기도 어렵고, 설마 시간을 확보한다 해도 집중력을 유지하기가 쉽지 않다. 그러나 동시에 여러 권의 책을 읽으면 하루에 책 5권을 읽는 일도 불가능하진 않다.

나는 마지막 장을 덮어야 독서 기록장에 한 권의 책을 읽었다고 기록한다. 며칠에 걸쳐 읽은 책도 맨 마지막 장을 덮은 날이 책을 읽은 날이다. 바로 여기에 하루 5권 책을 읽는 비결이 있다. 나는 책을 가까이하기 위해 회사에 2~3권, 가방에 1~2권, 집에 2~3권을 비치해둔다. 회사에서 A라는 책을 읽었다면, 버스나 지하철에서는 B를, 집에서는 C라는 책을 읽는 셈이다. 이렇게 동시에 읽던 책을 하루에 마무리하면 여러 권의 책을 하루에 읽었다고 기록할 수 있다.

그래서 독서 기록장을 보면 하루에 2~3권 읽은 날은 흔하고, 4권 이상을 읽은 날도 적지 않다. 앞서 5권을 읽었던 날은 연차 휴가를 내고 집에 틀어박혀 읽던 책들을 마무리한 날이다.

물론 책을 한 권도 읽지 않는 날도 많다. 독서 권태기가 찾아왔던 3년차에는 9월 12일부터 10월 1일 사이에 단 한 권의 책도 읽지 못했다. 책을 펼쳐도 글자가 눈에 들어오지 않았다. 결국 그해 9월에는 한 달 동안 고작 2권의 책만 읽었다고 기록되어 있다.

반대로 가장 많이 읽은 달은 〈1천 권 독서법〉을 시작하고 8개월 뒤이다. 한 달 동안 무려 40권을 읽었다. 하루 평균 1.3권에 해당하는 기록이다. 이때 나를 다섯 번이나 떨어뜨렸던 Y대학원에 입학하고, 실무자 장학금까지 받으면서 그 기쁨에 마구 책을 읽었던 기억이 난다.

독서를 한다는 것 자체가 성공이다

사실 처음 내가 생각했던 목표는 2천 권의 책을 읽는 것이었다. 내게 희망을 준 〈독서 경영〉 강의의 주인공이자 『인생의 차이를 만드는 독서법 본깨적』 저자인 박상배 강사는 직장을 그만두고 책만 읽을 정도로 결단력이 대단한 사람이었지만, 나는 그럴 정도의 용기는 없었다. 직장에 다니면서 돈을 벌어야 하고, 경쟁에서 살아남을 수 있도록 자기계발도 해야 하고, 두 아이도 키워야 했다. 그래서 현실적으로 조정한 목표가 하루 한 권씩 1천 권의 책을 읽는 〈1천 권 독서법〉이었다.

3년 10개월 뒤 1천 권의 독서를 마무리했을 때 나는 스스로에게 자문했다. 도전은 성공인가? 실패인가? 애초의 목표대로 하루 한 권씩 책을 읽었다면 1,000일이 걸렸을 텐데 1,362일나 걸렸다. 목표 달성률이 73.4%밖에 되지 않는다. 역시 실패한 건가. 아니다. 그렇지 않다. 나는 실패했지만 성공했다!

하루 한 권 책 읽기를 하겠다고 목표를 잡지 않았다면 나는 매일 책을 펼치지 않았을 것이다. 매일 조금씩이라도 책을 읽지 않았다면 3년 10개월 동안 1천 권의 책을 완독하지 못했을 것이다. 결과적으로 하루 한 권의 책 읽기는 실패했지만, 1천 권을 읽는 데에는 성공했다.

다시 강조하지만, 중요한 건 매일 책을 펼치는 습관의 힘이다. 매일 한 권의 책을 완독하지 않아도, 계획한 시간 내에 목표를 달성하지 못해도 좋다. 여러분이 매일 책을 읽는다는 것, 독서를 한다는 것 자체가 성공이다.

여러분이 지금 이 책을 읽고 있는 순간에도 나는 책을 읽고 있을 것이다. 〈1천 권 독서법〉을 완수한 날 곧바로 〈2천 권 독서법〉을 시작했기 때문이다. 나는 여전히 매일 성공하는 삶을 살고 있다.

책 읽는 자의
충만한 삶

독서는 인생의 사치다?!

책을 읽는다는 건 축복이다. 하지만 책을 읽지 않는 사람들은 독서를 사치라 여긴다. 당장 먹고살기도 바쁜데 책 읽을 시간이 어디 있느냐는 것이다. 틀린 말은 아니다. 직장에서 야근하고, 집에 와서 아이들 돌보고, 집안일까지 하고 나면 정말 손 하나 까딱하기 싫을 정도로 온몸에 진이 빠진다. 그런데 그때 나는 책을 펼친다.

사람들이 독서를 사치로 여기는 까닭은 독서가 주는 재미를 모르기 때문이다. 텔레비전을 보거나 스마트폰을 만지는 것은 휴식으로 여기지만, 독서는 따로 시간을 내어 해야 하는 일이라 생각한다. 독서는 공부하는 학자나 돈 많은 부자들이 평상시에 일 대신 하는 고급스러운 취미 정도로 인식한다.

나는 이들에게 말하고 싶다. 제대로 독서하는 법을 알고 느낄 수 있다면 책 읽기야말로 진정한 휴식이고 자신을 아끼는 방법이라고. 텔레비전에 나오는 연예인들보다 훨씬 더 재미있고 멋있는 이야기들이 책 속에 가득하다고.

다음은 〈1천 권 독서법〉 설문조사를 진행하면서 수집한 독서인에 대한 사람들의 편견이다. 매일 한 권씩 책을 읽는다고 얘기했을 때 사람들이 보인 반응과 이에 대한 반론을 내 경험 중심으로 적었다.

편견 하나, 책 읽는 사람은 시간이 많다?!

하루 한 권씩 몇 년 째 책을 읽고 있다고 얘기하면 사람들은 말한다.

"시간이 정말 많은가 봐요. 저도 책 읽고 싶은데 시간이 없어요."

"혹시 출판사에서 일하세요? 일하면서 책도 읽을 수 있으니 얼마나 좋겠어요."

심한 경우엔 노골적으로 백수냐고 묻기도 한다. 그러나 앞에서 밝혔듯이 나는 워킹맘이다. 그것도 한창 부모 손이 필요한 애를 둘이나 키우는 엄마다.

우리 부부는 결혼한 이래 쭉 맞벌이 생활을 해왔다. 요즘에는 남편이 육아를 일정 부분 도와주지만, 불과 몇 개월 전까지만 해도 독박육아를 했다. 지금도 우리 집에서 가장 먼저 일어나고 늦게 자는 사람은 나다. 누군가는 책 읽으려고 일찍 일어나느냐 묻지만 절대 그렇지 않다. 내가 아침 7시에 일어나 아침을 차리지 않으면 우리 식구는 모두 굶어야 한다. 밤늦게까지 설거지하고 청소하지 않으면 집안은 엉망이 된다.

다만 아침밥을 차리고 식구들이 일어나기 전 10분, 15분이라도 책을 읽는다. 직장으로 출근하는 버스 안에서, 쉬는 시간에, 잠들기 전에, 다른 사람들이 텔레비전을 틀고 스마트폰을 만지작거리는 시간에 책을 본다. 나에게는 책이 텔레비전이고 스마트폰이다.

대학원을 다닐 때에도 책 읽을 시간은 있었다. 독서를 하고자 하는 사람에게 시간은 아무런 문제가 되지 않는다. 똑같은 시간을 가지고도 누구는 책을 읽는 데 쓰고, 누구는 텔레비전을 보거나 유흥을 즐기는 데 쏠 뿐이다. 누구에게나 하루 24시간은 공평하다.

나는 책과 전혀 상관없는 사회 복지 분야에서 일하는 직장인이고, 대학원에 다니는 샐러던트이다. 또 아이 둘을 키우는 워킹맘이다. 그리고 하루 평균 3시간씩 3년 10개월 동안 책 1천 권을 읽은 독서인이다.

편견 둘, 책 읽는 사람은 사회생활에 적응을 못한다?!

도대체 어디서 이런 편견이 생겼는지 모르겠지만, 책 읽는 사람은 사회생활을 못할 거라고 생각하는 사람이 은근 많다.

"혹시 수줍음 많은 성격이니?"

"밖에서 움직이는 것보다 집에서 쉬는 걸 좋아하나 보군."

나는 보고 싶은 영화를 꼬박꼬박 챙겨 보고, 해외여행도 자주 간다. 걷는 걸 좋아해서 북한산 둘레길을 완주했고, 친구랑 10km 마라톤도 여러 차례 뛰었다. 말하는 걸 좋아하는 성격은 아니지만, 사람 만나는 일을 하다 보니 대화도 수월하게 이끌어나가는 편이다. 대학원 다닐 때에는 과대표를 하면서 각종 행사 사회를 보기도 했고, 최근에는 관련 분야의 실무자 대상 교육 강사로 활동하는 중이다.

다만 저녁 약속은 잘 안 잡는 편이다. 그 이유는 엄마이기 때문이다. 우리나라에서는 육아 책임 1순위가 엄마에게 있다. 그래서 일이 많을 때는 일단 퇴근해서 아이들 저녁을 먹이고, 숙제를 봐주고, 집안일을 하다가 남편이 퇴근하면 다시 가서 일을 한다. 그래도 안 되면 평소보다 2시간 일찍 출근해서 일을 해결한다.

이른 아침, 아무도 없는 사무실에 앉아 있으면 일이 얼마나 수월한지 모른다. 나를 찾는 동료 직원이나 방문객, 전화가 없으니 오롯이 일에만 집중할 수 있다. 실제로 아침 시간에는 오후 시간보다 두세 배 집중이 더 잘된다는 글을 『아침형 인간』(사이쇼 히로시 저 | 한스미

디어)이라는 책에서 본 적이 있다. 아침에 2시간 먼저 출근하면 4시간 분량의 일을 해낼 수 있는 것이다. 오늘도 야근에 시달리는 직장인이라면 당장 내일부터 2시간 일찍 출근해보길 권한다. 일찍 일어나는 직장인에게 칼퇴근은 어려운 일이 아니다.

이야기가 잠시 샛길로 빠졌지만, 내가 말하고자 하는 바는 명확하다. 매일 책 읽는 사람도 직장생활이나 사회생활에는 아무런 문제가 없다는 사실이다. 오히려 풍부한 교양과 지성을 바탕으로 다양한 분야의 사람을 사귈 수 있다. 물론 이성에게 얻는 호감도도 증가하니 아직 혼자인 분들이라면 어서 독서인으로 거듭나기 바란다.

우리는
이렇게 읽는다

욕망과 죄책감의 악순환

　책을 읽으면서 세상에 수많은 독서법이 존재한다는 사실을 알게 되었다. 그냥 맨 앞장부터 맨 뒷장까지 한 권의 책을 읽는 게 독서가 아니었다. 어떤 사람은 책을 뒤에서부터 읽는가 하면, 어떤 사람은 한 페이지를 넘기는 데 5초도 걸리지 않았다. 그만큼 다양한 독서법이 존재한다.

　나 역시 1천 권의 책을 읽으면서 나에게 맞는 독서법이 따로 있다는 걸 발견했다. 독서법이란 게 특별히 거창한 노하우를 담고 있는 건 아니었다. '즐겁게 오랫동안 책을 읽고 활용할 수 있는 방법'. 이게 바로 독서법이다.

〈1천 권 독서법〉을 집필한 이유가 바로 여기에 있다. 내가 깨달은 '즐겁게 오랫동안 책을 읽고 활용할 수 있는 방법'을 더 많은 사람과 공유하고 싶었다. 하지만 그 전에 더 많은 사람의 의견을 듣고, 보통 사람들이 일상적인 독서에 사용할 수 있도록 다듬을 필요가 있었다. 100명이 넘는 사람들에게 설문조사를 실시한 건 〈1천 권 독서법〉의 완성도를 높이기 위해 꼭 거쳐야 하는 과정이었다.

설문조사는 단순했다. 먼저 책 읽기, 독서에 대한 느낌을 자유롭게 말해달라고 요청했다. 다음으로 하루 한 권 책 읽기를 실천하는 사람에게 물어보고 싶은 게 있다면 무엇인지 적어달라고 했다.

460개가 넘는 답변을 받고 분석한 결과, 나는 사람들이 '책을 잘 읽고 싶다'는 욕망과 '책을 읽지 못해 뒤처지고 있다'는 죄책감 사이에서 갈등하고 있음을 깨달았다. 되돌아보면 나 역시 그랬다. 책을 읽고 싶은 마음은 큰데, 우선순위에서는 늘 일과 육아에 밀렸다. 결국 읽지도 않으면서 죄책감에 시달리는 악순환을 반복했다. 즐겁게 오랫동안 책을 읽고 활용할 수 있는 〈1천 권 독서법〉을 소개하기에 앞서 독서에 대한 간단한 개념과 일반적인 책 읽기 방법을 짚어보고자 한다.

뒤에서부터 읽는다

대부분의 책은 앞에서부터 읽어야 이해하기 쉽다. 저자와 출판 편집자들 역시 책을 만들 때 독자들이 당연히 앞에서부터 읽을 거라 생각하고 작업한다. 집필 의도를 밝히는 서문이나 읽는 순서를 안내하는 목차가 항상 책 앞에 읽는 것도 같은 까닭이다. 거의 모든 책이 기승전결의 구조를 취하고 있으며, 전문 용어에 대한 개념 설명도 앞에서 주로 이루어진다.

하지만 모든 책이 다 그런 건 아니다. 특히 등장인물이 많은 장편 소설의 경우 뒤에서부터 읽는 방법을 추천한다. 김이 좀 빠질 수도 있지만, 등장인물을 익히고 독서의 몰입도를 높일 수 있다는 점에서 매우 효과적이다. 드라마를 볼 때 주연과 조연이 누구인지 알면 극의 흐름을 더 빨리 파악할 수 있듯이, 소설도 결말에 등장하는 주인공이 누구인지 파악하면 훨씬 더 깊이 있는 독서가 가능하다.

이 방법은 모티머 애들러가 100여년 전에 쓴 『독서의 기술』이라는 책에도 소개되어 있다. 그만큼 아주 고전적인 방법이란 얘기다.

영화 보듯 읽는다

책을 읽다 보면 글을 이해하는 속도가 점점 빨라지는 걸 느낄 수 있다. 또 책의 종류에 따라 읽는 속도를 달리하는 법도 깨우치게 된다. 책 읽는 방법은 이렇게 억지로 배우는 게 아니라 자연스럽게 깨닫는 것이다.

나는 사람들이 너무 엄격한 태도로 책을 읽는다고 생각한다. 거의 강박 수준으로 책을 대한다. 그러나 대부분의 책은 쉽고 편하게 읽는 게 좋다. 단어 하나하나 그 뜻을 헤아리며 읽어야 하는 책도 있지만, 극히 일부에 불과하다. 저자와 편집자 역시 독자가 쉽고 빠르게 책을 읽을 때 가장 큰 보람을 느낀다. 그만큼 책에서 재미를 느꼈다는 증거이기 때문이다.

영화감독은 영화를 만들 때 수백 번 각본을 다듬는다. 배우들의 행동과 대화가 관객들에게 어떤 감정을 불러일으킬지 계산해서 플롯을 구성한다. 소품이나 의상 하나도 허투루 대하는 법이 없다. 모든 장면이 상징이고 복선이다. 하지만 관객들은 영화를 보면서 이런 걸 신경 쓰지 않는다. 오로지 자신이 느끼는 감정에 집중한다. 극장을 나서는 관객들의 머릿속엔 감동적이었던 몇 장면과 주인공의 대사만 남을 뿐이다.

나는 책도 영화를 보는 것처럼 읽어야 한다고 생각한다. 시험 문제를 풀듯이 정독할 필요는 없다. 아무리 재미있는 책도 잘 읽어야 한다는 강박에 사로잡히면 시험 문제와 다를 바 없다. 그럴 바에야 모든 걸 내려놓고 편한 마음으로 읽는 게 낫다. 단어 하나하나를 곱씹을 필요도 없다. 꼭 이해해야 하는 책이라면 다시 읽으면 된다.

기억하자. 책도 영화 보듯이 쓰윽 읽으면 된다. 라디오에서 흘러나오는 음악을 듣듯이 쓰윽 읽으면 된다.

다시 읽는다

한 번 읽은 책을 다시 읽으면 처음에는 보지 못했던 새로운 세계를 만날 수 있다. 책은 작가의 말이 독자의 몸을 통과해나가는 과정이다. 독자가 어떤 필터를 가지고 읽느냐에 따라 얻을 수 있는 결과물도 다르다. 독자가 달라지면 책의 내용도 달라진다.

그래서 나는 책을 한 번 읽고 끝내지 않는다. 처음 읽었을 때 별로였던 책도 다시 읽으면 좋은 경우가 많다. 정말 좋았던 책은 여러 번 읽는다.

배경지식이 필요한 책은 읽으면 읽을수록 이해가 잘 된다. 처음에는 개념을 이해하기도 어렵지만, 그 과정 자체가 배경지식이 되어 다시 읽을 때 더 깊이 파고들 수 있게 된다. 이해하기 어려운 책은 시간을 두고 읽으면 좋다. 예를 들어 리더십에 관한 책은 평직원이었을 때 읽는 것보다 임원급이 되었을 때 읽는 게 공감이 잘된다. 오늘의 나에게 어울리는 책과 내일의 나에게 어울리는 책이 다르다는 얘기다.

그래도 이해하기 어려운 책은 과감하게 포기하자. 나를 탓할 필요는 없다. 여러 번 읽어도 이해하기 어려운 책은 그만큼 저자와 편집자가 친절하지 않았다는 뜻이다. 서비스가 엉망인 음식점을 다시 갈 이유가 있을까. 부디 책을 편하게 읽자.

꼭 완독할 필요는 없다

책 한 권을 무조건 한 번에 읽어야 한다는 강박도 버려야 한다. 요즘처럼 바쁜 시대에 독서 시간으로 몇 시간을 확보하는 건 어려운 일이다. 나도 주말이 아니면 책 한 권을 한 번에 읽는 일이 거의 없다. 보통은 2~3일이 걸리고, 어려운 책은 한 달 이상이 걸리기도 한다.

나눠 읽으면 기억이 안 난다고 말하는 사람도 있다. 책 읽는 틈을 너무 길게 잡기 때문이다. 나눠 읽더라도 매일 펼쳐 보면 전날 읽은 부분이 금방 떠오른다.

단, 내 경험상 단편 소설은 한 번에 쭉 읽기를 권한다. 단편 소설의 핵심은 긴박함이 느껴지는 기승전결이다. 처음부터 끝까지 긴장을 유지하는 게 관건이다. 그런데 이를 나눠서 읽게 되면 그 긴박함을 오롯이 느낄 수 없다. 나는 자기계발이나 인문서보다 소설책을 읽을 때 시간이 더 오래 걸리는 편이라 아이들이 잠들었을 때나 도서관에 갔을 때 집중해서 읽는다.

같은 문학 작품이라도 시나 에세이는 나눠서 읽는 게 오히려 감동을 느끼기 쉽다. 중간중간 책을 덮고 여운을 느껴보는 것도 좋다. 여백이 많을수록 생각은 깊어지는 법이다.

다양한 방법으로 읽는다

책 읽는 속도에 따라 흔히 정독과 속독을 구분한다.

'정독精讀'은 뜻을 새기며 자세히 읽는 법이다. 낱말과 문장의 의미를 자세히 고찰하고 저자의 정신을 공유하는 일이다. 구체적인 방법으로는 분석적 읽기, 해석적 읽기, 비판적 읽기, 감상적 읽기 등이 있다.

반대로 '속독速讀'은 제한된 시간 내에 빠른 속도로 글의 중심 내용이나 필요한 정보를 파악하며 읽는 법이다. 구체적인 방법으로는 건너뛰며 읽기와 미리보기가 있다. 건너뛰며 읽기는 여러 권의 참고 도서를 분석하거나 책을 사기 전 핵심 내용을 파악할 때 사용하며, 자주 등장하는 단어와 구조만으로 글을 파악하는 기법이다. 미리보기는 책의 제목과 표지 문구 등을 통해 책에 대한 기초 정보를 파악하는 기법이며, 보통 우리가 서점에 가면 무의식적으로 이 방법을 사용한다.

'다독多讀'은 말 그대로 여러 종류의 책을 많이 읽는 것이고, '반복독反復讀'은 같은 책을 여러 번 반복해서 읽는 것이다. 세종 대왕은 같은 책을 50번, 100번씩 읽었고, 미적분법을 확립한 라이프니츠 역시 각 분야의 대표적인 책을 선정해 구멍이 뚫릴 정도로 몇 번씩 읽은 반복 독서가이다.

이 밖에도 독서법과 관련된 용어로는 책을 끝까지 모두 읽는 '통독通讀', 부분만 발췌해서 읽는 '선독選讀', 소리 내어 읽는 '낭독朗讀', 소리 내지 않고 읽는 '묵독默讀', 주로 시각 장애인이 손으로 읽는 '촉독觸讀', 시각 장애인이 귀로 읽는 '청독聽讀' 등이 있다.

속독은 나쁘다?!

정독은 좋은 방법이고, 속독은 나쁜 것이라는 고정관념을 가진 사람들이 있다. 하지만 정독과 속독은 좋고 나쁨을 판단할 수 있는 문제가 아니다. 전체적인 흐름이나 윤곽을 잡기 위해서는 속독이 효과적이고, 자세한 내용을 파악하기 위해서는 정독이 효과적이기 때문이다. 어떤 식으로든 책이 주는 메시지를 받아들일 수 있다면 그 방법이 옳다고 말할 수 있다.

오히려 속독은 정독보다 익히기 어려운 독서법이다. 대부분 경험해봤겠지만 책은 빨리 읽고 싶다고 해서 빨리 읽을 수 있는 게 아니다. 어느 정도 독서 내공이 쌓여야 핵심 내용과 주제를 빠르게 파악할 수 있다. 책을 많이 읽은 사람이 그렇지 않은 사람보다 더 빨리 더 많이 읽는 건 어찌 보면 당연한 일이다.

속독은 결코 나쁜 독서법이 아니다. 속독을 하지 못하면 다독도 불가능하기 때문에 다독가가 되려는 사람은 반드시 익혀야 할 방법이다. 속독을 통해 같은 책을 여러 번 읽을 수 있다면 책이 주는 이로움도 극대화되지 않을까. 나는 우리 같은 직장인에게 속독을 권하고 싶다. 속독을 배우면 바쁜 일과 중에 잠시 짬을 내어 책 한 권을 내 것으로 만들 수 있다.

포기도 능력이다

책을 펼쳤는데 모르는 단어가 너무 많거나, 번역이 엉망이거나, 활자가 작아서 눈이 아프거나, 종이가 낡아서 부스러지거나, 내 생각과 너무 달라 반감이 드는 책이 있다면 과감히 포기하자. 어떤 식으로든 의욕을 저하시키는 책은 읽지 않느니만 못하다. 가까운 지인은 어릴 적 엄마가 추천해준 책을 펼쳐본 뒤 책 읽기를 아예 포기했다고 고백했다. 세로쓰기로 쓰인 한자 섞인 글자들을 보니 도저히 읽어볼 엄두가 안 났다는 것이다.

나 역시 읽기 어려운 책은 과감히 포기한다. 순수 과학서나 특수 전공 서적, 800쪽이 넘는 철학책 등은 6개월에 걸쳐 조금씩 읽다가 도저히 안 되겠다 싶어 책장 높은 곳에 올려놓았다. 언젠가 다시 시도하겠지만, 지금 당장은 그럴 생각이 없다.

이렇게 책을 포기해도 되냐고 묻고 싶을 것이다. 물론 그래도 된다. 죄책감 가질 필요 없다. 차라리 그 시간에 다른 책을 보면 된다. 반드시 그 분야에 대해 알고 싶다면 이해하기 쉬운 입문자용이나 청소년용을 봐도 좋다. 결코 부끄러운 일이 아니다.

해당 분야에 여러 권의 책이 있다면 출간일이 가장 늦은 책을 사자. 출간일은 책의 맨 마지막장이나 앞장의 판권을 확인하면 된다. 보통 최근에 만든 책일수록 글자 크기와 간격, 종이 등이 읽기 편하다. 역서의 경우 인터넷으로 번역가의 약력을 검색해보면 신뢰할 만한 책인지 가늠할 수 있으며, 출판사를 확인해보는 것도 좋은 방법이다. 출판사마다 잘 만드는 책의 분야가 다르기 때문이다.

나는 이렇게 읽는다

나는 책의 종류에 따라 다른 독서법을 활용한다. 흔히 고전으로 알려진 유명한 책들은 생소하고 철학적인 단어가 많아 시간이 오래 걸려도 '정독'을 한다. 반면 최근에 출판된 베스트셀러나 자기계발서는 '속독'으로 쭉쭉 읽어 나간다.

책을 끝까지 읽는 '통독'과 필요한 부분만 발췌해서 읽는 '선독' 중에서는 통독을 기본으로 한다. 선독도 좋은 방법이지만, 가급적이면 시간이 걸리더라도 한 권의 책을 오롯이 내 것으로 만드는 기쁨을 누리려 한다.

끝까지 읽기 힘든 책을 만날 때도 있다. 논리가 타당하지 않거나 제시된 자료의 객관성에 의심이 가는 경우, 서술 방식이 뒤죽박죽이거나 어려운 단어가 연속적으로 나와 의도적으로 몰입을 방해하는 경우에는 완독을 과감히 포기하고 다른 책을 집어든다.

세상에는 너무 많은 책이 있기에 가급적 새로운 책을 고르지만, 완독한 책을 또 읽는 경우도 왕왕 있다. 이렇게 다시 읽게 만드는 책을 나는 '내 인생의 필독서'라고 부르며 별도의 책장에 보관한다. '내 인생의 필독서'는 책 읽기에 지치거나 피곤함을 느낄 때 정신적 휴식을 선물한다.

> "독서 고수들은 책을 고를 때 약간 어려운 수준의 책을 선택하고, 새로운 분야의 책에 도전하기를 즐겨하고, 배경지식이 뛰어나다. 또한 독서 강의가 가능한 수준으로 자기만의 독서 방법을 가지고 있으며, 독서 방법의 중요성을 알고 있다. 한 권의 책을 읽고 나면 한 가지 이상을 배우며, 자기만의 독서 정리 습관이 있으며, 독서 과정에서 다시 읽을 책과 암기할 것과 업무에 활용할 것들, 도식화할 것들을 잘

활용하여 자기 삶에 실천할 수 있는 능력이 있다. 그리고 독서 과정에서 끊임없이 질문을 갖고 목적적으로 책을 읽으며 반드시 활용하거나 실천하고, 책은 되도록 구입하여 읽고, 책과 함께 인생의 나이테를 만들어가며, 서재를 채운다는 특징이 있다."

— 독서지도사 양성 과정 수업 중에서

다독가의
내밀한 즐거움

다독이 주는 삶의 지혜

　대부분 책을 많이 읽으면 좋다는 사실을 알고 있다. 하지만 정확히 무엇이 좋은지에 대해서는 알지 못한다. 여기에서는 내가 1천 권의 책을 읽으며 느낀 다독의 효과에 대해 이야기하고자 한다. 물론 내 경험을 바탕으로 한 것이기 때문에 그 효과는 지극히 주관적임을 미리 밝혀둔다.

　〈1천 권 독서법〉의 첫 번째 효과는 '심적 변화'이다. 책을 통해 열등감을 극복하고, 자존감을 회복했다. 책을 읽는다는 건 다른 세계와 만난다는 뜻이다. 그 만남을 매일 반복하면서 나는 우울증의 늪에서 벗어날 수 있는 힘을 얻었다. 내 작은 생각에서 벗어나 꿈을 꿀 수 있는 기회를 얻었다. 행복이란 무엇인가 질문을 던질 수 있게 되었다.

두 번째 효과는 '지적 변화'이다. 누군가를 가르칠 정도는 아니지만, 누구와 대화를 해도 어느 정도는 알아들을 수 있을 정도로 배경지식이 풍부해졌다. 탈무드 이야기가 생각난다. 부자와 가난한 학자가 배에서 만났다. 부자가 학자에게 두둑한 경비를 자랑하는데 때마침 해적이 나타났다. 해적들은 부자가 가진 돈을 모두 빼앗았다. 그러나 학자가 가진 머릿속 지혜는 결코 빼앗을 수 없었다. 이처럼 책은 결코 빼앗기지 않을 지식을 선물해준다.

책을 많이 읽다 보니 글을 이해하는 능력뿐만 아니라 글을 쓰는 능력도 나아졌다. 독서는 수많은 단어와의 스침이다. 처음 만나는 사람보다 몇 번 마주친 사람과 이야기하는 게 편하듯이 낯선 단어도 자꾸 보면 어느 순간 내 언어로 만들 수 있다.

세 번째 효과는 '현실적 이익'이다. 나는 하루 한 권 책 읽기를 통한 자기 관리 능력을 인정받아 1천만 원의 실무자 장학금을 수령했다. 독서 지도사 자격증도 취득하고 이렇게 작가가 되어 글을 쓰는 영광도 얻었다.

결론적으로 책을 많이 읽었다고 해서 하루 아침에 세상이 바뀌는 건 아니다. 내가 그 증거다. 육아책을 많이 읽었지만 아직도 아이를 키우기 어렵고, 재테크책을 많이 읽었지만 돈을 모으지도 못했다.

책은 책이고, 현실은 현실이다.

다만 책을 많이 읽었더니 전보다 마음이 풍성해지고, 지식과 지혜가 쌓였으며, 스스로 나은 사람이 되었다고 자신할 수 있게 되었다. 그리고 무엇이든 배우는 자세를 얻었다. 직장에서 일을 하며 배우고, 동료에게 배우고, 남편과 시댁과 친정과의 관계에서 배우고, 심지어 아이 축구부 엄마들 모임에서도 배웠다. 주변의 모든 것이 책이고 가르침이었다. 어디서든 가르침을 얻을 수 있다는 게 책이 준 가르침이었다.

한 권의 책이 여러 권의 책보다 낫다?!

이렇게 다독의 장점이 많은데도 우려를 표하는 사람들이 있다. 내가 실시한 설문조사 결과에 따르면 많은 이가 '다독을 하면 시간에 쫓길 것 같다'라고 생각했다. 하루 한 권의 책이 아무나 읽을 수 있는 양도 아니거니와, 읽는다 해도 제대로 이해하지 못할 가능성이 높다는 것이다.

구구절절 맞는 말이다. 그러나 앞서 말했듯 '하루 한 권 독서'의 의미를 너무 엄격하게 받아들일 필요는 없다. 나 역시 하루에 한 권을 모두 읽은 것은 아니다. 계획했던 시간보다 1년 정도가 더 걸려서야 1천 권의 독서를 마무리할 수 있었다.

책을 다 못 읽었다면 다음 날 읽으면 된다. 억지로 일하는 시간이나 자는 시간을 줄여가며 읽을 필요는 없다. 다만 낭비하는 시간, 예를 들면 아무 생각 없이 스마트폰을 만지작거리거나 텔레비전 채널을 돌리는 시간에 읽으면 된다.

책의 내용을 제대로 이해하지 못한다는 지적은 독서 요약 노트를 통해 해결할 수 있다. 나는 책을 읽는 동시에 독서 요약 노트를 작성한다. 작가의 주장과 내 생각, 적용할 부분을 꼼꼼하게 정리한다. 그래서 책의 마지막 장을 덮을 때쯤이면 어느 정도 생각이 정리된다. 내용이 어렵거나 낯설어서 쉽게 이해되지 않는 책은 표시해두었다가 시간이 흐른 뒤 다시 한 번 읽어보는 것도 좋은 방법이다. 실제로 많은 다독가가 이 같은 방법으로 독서의 양과 질 모두를 확보하고 있다.

많은 책을 빠르게 읽는 것보다 차라리 한 권의 책을 천천히 깊이 있게 읽는 게 어떠냐고 말하는 사람도 있다. 철학자 쇼펜하우어도 비슷한 얘기를 했다.

"책을 읽다 보면 항상 악서를 만나게 된다. 악서를 읽지 않는 것은 양서를 읽기 위한 출발이다. 많은 책보다 좋은 책 한 권이 사람의 일생을 좌우한다. 인생은 짧고, 시간과 체력에는 한계가 있다."

심지어 그는 다독이 인간의 정신에서 탄력을 빼앗는 일종의 자해라고 비판하기도 했다. 법정스님도 독서 회의론을 주장하며 신뢰

할 수 없는 책들이 많아서 읽어도 별로 도움이 되지 않는다고 말했다.

하지만 나는 그 좋은 책 한 권을 찾기 위해서라도 다독을 해보라 권하고 싶다. 좋은 음악을 고를 때 들어보지도 않고 좋고 나쁨을 판단할 수는 없지 않은가. 자주 들어야 어떤 노래가 끌리는지, 중독성이 있는지 알 수 있다. 책도 마찬가지다. 많이 읽어야 좋고 나쁨을 구분할 수 있다.

나는 1천 권을 책을 읽고 난 뒤에야 겨우 좋은 책 110권을 고를 수 있었다. 출판사의 홍보와 베스트셀러의 유혹으로부터 자유로워질 수 있었다. 내가 읽고 싶은 책과 반드시 읽어야 할 책을 구분할 수 있었다. 다독하지 않았다면 결코 알 수 없는 것들이다.

많이 읽어야 고르게 읽는다

많이 읽는 것만큼이나 고르게 읽기도 중요하다. 사람의 습관은 무서운 것이라 같은 분야를 반복해서 읽기는 쉽지만, 새로운 분야나 평소 관심 없는 분야의 책을 고르기는 어렵다. 다독은 이 같은 편향된 독서를 해결하는 데에도 효과가 있다.

책은 보통 문학, 인문, 사회, 경제 경영, 자기계발, 예술 등의 분야로 나뉜다. 그런데 한 권의 책을 정확히 문학이나 인문, 경제 경영, 자기 계발로 구분하기는 어렵다. 그 안에는 다양한 분야의 지식이 고루 들어 있기 때문이다. 예를 들어 18세기 산업 혁명 시대의 영국을 배경으로 하는 소설을 읽는다면 산업 혁명에 대한 기본적인 지식을 갖고 있어야 한다. 현대인들의 비정상적 행위를 정신 병리학적으로 분석한 책이라면 심리학과 의학에 대한 기본적인 상식은 알고 있어야 한다. 이렇게 독서는 내가 아는 지식과 세계의 벽을 허무는 과정이다.

다독을 하면 수많은 정보를 접하면서 자연스레 다른 분야로 관심을 확장시키게 된다. 책을 읽으면서 다음에 읽을 책을 선택하게 되고, 배워야 할 것과 하고 싶은 일도 정하게 된다. 책을 가까이할 수밖에 없는 선순환을 만드는 것이다.

나도 처음에는 직장인으로서 업무와 관련된 책만 읽었다. 그 뒤엔 아이를 키우는 엄마라는 이유로 육아와 가정 살림에 관한 책을 읽었다. 다음으로는 그나마 쉽게 다가갈 수 있는 문학 베스트셀러와 스테디셀러, 고전으로 독서의 폭을 넓혔다. 그랬더니 어느 순간 책들의 교집합이 보이면서 다른 분야에 관심이 가기 시작했다. 책을 꿰뚫는 교양과 상식의 창이 생긴 것이다.

의도적으로 다양한 분야의 책을 보려고 노력하지만, 1천 권을 읽은 지금도 순수 과학, 예술, 어학 분야의 책은 채 10권도 읽지 못했다. 아직까지도 편향 독서의 늪에서 벗어나지 못한 셈이다. 그만큼 편향 독서를 벗어나 균형 독서로 가는 길은 험난하다.

다독은 삶의 균형을 맞추는 데에도 꼭 필요하다. 대부분의 사람은 현실에서 뭔가를 얻기 위해 책을 읽는다. 직장인은 업무에 필요한 능력을 계발하기 위해, 학생은 성적을 올리기 위해 책을 펼친다. 이렇게 목적이 분명한 독서는 조급하게 마련이다. 그래서 단 한 권의 책을 읽고도 많은 지식을 배웠거나 큰 깨달음을 얻었다고 착각한다. 어떤 사안에 대해 목소리가 크거나 같은 주장을 반복하는 사람은 보통 어쩌다 한 권의 책을 읽은 사람임에 틀림없다.

다독은 편향된 사고방식을 균형 있게 만들어준다. 다양한 시각과 지식을 소개함으로써 고정관념을 갖지 않도록 도와준다. 사회생활을 하는 직장인에게 다독이 꼭 필요한 이유다.

양적 변화에서 질적 변화로

맹자가 말했다.

"물이 흐르다 웅덩이를 만나면 그 웅덩이를 다 채운 다음에야 비로소 앞으로 나아간다."

웅덩이를 다 채운 시점이 바로 임계점이다. 임계점은 고유의 성질이 변화되는 시점으로 99.9도의 물이 100도에서 끓는 것을 보통 예시로 든다.

독서를 통한 임계점은 언제 경험할 수 있을까? 나는 약 300권을 읽었을 때 1차 임계점을, 800권을 읽었을 때 2차 임계점을 맞았다. 〈1천 권 독서법〉 초반에는 여러모로 인정받고 싶은 마음에 무비판적인 자세로 책을 읽었다. 의무감과 압박감 때문에 책을 읽으면서도 그 뜻을 제대로 이해하지 못했다. 하지만 300권을 넘게 읽으면서 전에 읽었던 책과의 차별점, 작가 고유의 목소리 등을 발견하고 내 생각을 접목시킬 수 있게 되었다. 머릿속의 자료가 낱낱이 분해되었다가 다시 모여 빅데이터를 구축하는 느낌이랄까.

800권을 읽었을 때에는 단순히 읽는 데 그치지 않고 행동으로 옮겨야겠다는 생각이 들었다. 그래서 독서 지도사 공부를 하고, 책을 쓰기 시작했다.

'질적 변화'가 생기기 위해서는 '양적 변화'의 축적이 전제되어야 한다. 양적 변화가 쌓이지 않으면 질적 변화는 결코 찾아오지 않는다. 아무것도 하지 않는데 갑자기 찾아오는 깨달음이란 없다는 얘기다.

다독의 효과는 바로 눈에 보이지 않는다. 하지만 꾸준히 책을 읽다 보면 내부에서 조금씩, 아주 조금씩 변화가 일어나고, 어느 순간 양적 변화가 질적 변화로 이어지는 임계점을 마주할 수 있다. 이렇게 질적 변화가 일어날 때까지 독서량을 늘려보자.

박상배 작가는 '300권은 씨앗 독서이고, 2,000권은 임계점'이라고 말했다. 나는 300권을 읽었더니 마음의 울퉁불퉁함이 차분하게 정리되는 느낌을 받았고, 800권을 넘기면서 작가가 될 수도 있겠다는 생각을 했다. 박상배 작가보다는 임계점이 조금 이르게 찾아온 셈이다. 이렇게 사람마다 임계점은 다를 것이다. 스스로 양적 변화에서 질적 변화로 넘어갈 때까지 열심히 다독하기 바란다.

어떤 책을
읽었는가

매일 쏟아지는 135권의 책 중에서

세상에는 책이 몇 권이나 있을까? 2010년 8월, 구글은 세상 모든 책을 스캔하여 e-book으로 만들겠다는 계획을 세우고 지금까지 출간된 모든 책을 조사했다. 구글이 발표한 도서는 약 1억 2,986만 4,880권. 벌써 몇 년이 지났으니 현재는 1억 3,000만 권이 족히 넘을 것이다.

우리나라는 어떨까? 대한출판문화협회 발표에 따르면 2013년에 43,000여권, 2014년에 57,000여권의 책이 새로 출간되었다. 약 135권의 책이 오늘도 새로 태어나고 있는 셈이다. 내가 하루 한 권씩 책을 읽는다고 말하면 깜짝 놀라던 사람도, 우리나라에서 한 해에 4~5만 권의 책이 출간된다고 말하면 입을 다문다. 그만큼 책은 따라잡을 수 없는 속도로 쏟아지고 있다.

그렇다면 지금까지는 나는 주로 어떤 책을 읽었을까? 지금 이 책을 읽는 독자들은 대부분 나처럼 직장인이거나, 주부이거나, 아니면 둘 다 하는 워킹맘, 워킹대디일 것이다. 그런 점에서 내가 읽었던 책과 앞으로 여러분이 읽게 될 책이 크게 다르지 않을 것이라 생각한다. 그럼 부끄럽지만 그동안 내가 주로 어떤 책을 보았는지 적어보도록 하겠다.

당장 업무에 도움이 되는 책부터

〈1천 권 독서법〉을 마음먹고 가장 먼저 읽은 책은 자기계발과 경제 경영, 리더십 등 업무와 관련된 도서였다. 직장 생활을 하다 보면 어쩔 수 없이 반드시 읽게 되는 책들이 있다. 『내 인생 5년 후』(하우석 저 | 다온북스), 『하버드 새벽 4시 반』(웨이슈잉 저 | 라이스메이커), 『유시민의 글쓰기 특강』(유시민 저 | 생각의길), 『지적생활의 발견』(와타나베 쇼이치 저 | 위즈덤하우스) 등이 자기계발에 도움이 되었던 책으로 기억된다.

중간 관리자로서 읽었던 경영 분야와 리더십 분야의 책들도 업무 능력을 향상하는 데 도움이 되었다. 『경영의 책』(이안 마르쿠스 등저 | 지식갤러리), 『인사이드 삼성』(배덕상 저 | 미다스북스), 『스티브 잡스』(월터 아이

작슨 저 | 민음사), 『구글의 아침은 자유가 시작된다』(라즐로 복 저 | 알에이치코리아) 등이 인상에 남는다. 특히 경영의 아버지 피터 드러커와 전설적인 경영자 잭 웰치의 책은 종류를 가리지 않고 탐독하기 바란다. 이 밖에도 정치, 경제, 역사 분야를 다루는 사회 과학서는 업무와 직접적인 관련성을 띠고 있는 경우가 많아서 수시로 읽었다.

모두의 취향, 개인의 취향

베스트셀러는 많은 독자로부터 그 가치를 인정받은 책이다. 출판사의 마케팅이나 저자 브랜드, 시기적 특수성에 따라 영향을 많이 받지만, 그래도 선뜻 골랐을 때 후회할 확률이 가장 적다. 또한 베스트셀러는 그 사회의 흐름을 이해할 수 있는 가장 정확한 척도 가운데 하나다. 나 역시 사회적 이슈로 떠오른 베스트셀러를 읽으며 현대 사회가 원하는 지식이 무엇인지 질문하곤 했다. 내용이 다소 어려웠지만 『이기적 유전자』(리처드 도킨스 저 | 을유문화사), 『총, 균, 쇠』(재레드 다이아몬드 저 | 문학사상), 『처음 읽는 서양 철학사』(안광복 저 | 어크로스) 등을 읽으며 얻은 지식이 아직도 요긴하게 쓰인다.

개인의 취향도 책을 고르는 데 중요한 기준으로 작용했다. 아이를 키우는 엄마로서 자녀 교육, 요리, 인테리어, 건강 분야에 관심이 많았다. 『가슴 높이로 공을 던져라』(황보태조 저 | 올림), 『EBS 60분 부

모』(EBS 60분 부모 제작팀 저 | 지식너머), 『유대인의 사람 공부』(강윤철 편저 | 스타북스) 등의 책으로 자녀 교육의 기초를 다졌다.

종교와 심리 분야도 개인적으로 관심이 많은 분야였다. 『not a fan. 팬인가, 제자인가』(카일 아이들먼 저 | 두란노), 『하나님, 제게 왜 이러세요?』(필립 얀시 저 | 규장), 『회복 탄력성』(김주환 저 | 위즈덤하우스), 『30년 만의 휴식』(이무석 저 | 비전과리더십), 『꿈의 해석』(프로이트 저 | 열린책들) 등이 마음을 읽고 다잡는 데 활용되었다.

중간중간 머리를 식히고 재미도 얻기 위해 만화책도 읽었다. 특히 시의성 있는 강풀 작가의 만화를 즐겨 보았는데, 이런 식으로 읽은 만화책이 40권은 넘는다.

책으로 배우는 기쁨

대학원에 진학하면서 이름도 생소한 수업을 여러 개 들었다. '자치경찰론'이나 '범죄론', '성과관리론' 등의 수업은 어떤 내용을 배울지 감도 잡기 어려웠다. 수업을 들은 뒤에도 마찬가지였다. 어쩔 수 없이 책을 펼치고 죽어라 읽었다. 모르는 개념을 이해하기 위해 또 다른 책을 찾았다. 해당 분야의 책을 각각 10권 이상은 읽고 난 뒤에야 제대로 된 보고서를 쓸 수 있었다.

영어 공부의 필요성도 뼈저리게 느꼈다. 하지만 자리 잡고 앉아 공부하기는 싫었다. 대안으로 선택한 게 영어 동화책이었다.『백설공주』,『신데렐라』,『황금 거위』 등 이미 알고 있던 동화도 영어 원서로 읽으니 재미있는 공부가 되었다. 지금 생각해보면 내가 읽었던 책들은 원서로 읽는 동화 중에서도 가장 수준이 낮은 초등학생용이 아니었나 싶다.

누구나 다 읽은 인문 고전?

수업이 시작되기 전 교수님이 말씀하셨다.

"오늘은 영국 작가 모어가『유토피아』를 쓴 지 500년이 되는 날입니다. 혹시 아직도『유토피아』를 읽지 않은 사람은 없겠지요?"

아차 싶었다. 대학원 수업은 대학 수업처럼 친절하지 않다. 인문 교양 서적은 당연히 읽었다는 전제하에 수업을 진행한다.

부랴부랴 한 번쯤은 들어봤을 법한 인문 고전서들을 찾아 주문했다. 모어의『유토피아』, 루소의『사회 계약론』, 밀의『자유론』, 플라톤의『소크라테스의 변명』 등이었다. 유득공과 최치원, 노자, 공자 등 동양의 학자와 사상가들의 책도 읽었다. 시간이 오래 걸리고 이해하기도 어려웠지만 포기하지 않고 끝까지 읽었다. 대학원에 진학하지 않았다면 어쩌면 평생 읽지 않았을지도 모르는 인문 고전책들이 지금은 나의 자부심으로 남아 있다.

하늘과 바람과 별과 문학

나는 전형적인 좌뇌형 인간이다. 논리와 합리를 중요시여기며 인간이 이성적 존재라 믿는다. 그래서 감성적인 이야기를 들으면 매우 낯부끄러워한다.

〈1천 권 독서법〉에서도 이런 경향은 여지없이 드러났다. 500권을 읽기 전까지는 소설이나 시, 에세이를 거의 보지 않았다. 어쩌다 책을 구입해도 책장에 꽂아두고 잊어버리기 일쑤였다. 하지만 어느 순간 내 독서 습관이 매우 편중되어 있음을 깨닫고는 일부러 문학 작품만 골라서 읽기 시작했다.

그런데 갑자기 문학을 읽으려니 어떤 책을 골라야 할지 몰랐다. 이럴 때 가장 좋은 방법은 많은 사람에게 인정받은 베스트셀러나, 오랫동안 그 가치를 입증받아 온 고전을 읽는 것이다.

처음 시작은 제인 오스틴의 『오만과 편견』, 루이자 메리 올컷의 『작은 아씨들』처럼 널리 알려진 고전이었다. 곳곳에 숨겨진 문학적 장치를 발견하지 못해 수시로 앞장을 넘겨봐야 했지만, 그래도 포기하지 않고 끝까지 읽었다. 어느 정도 문학적 책 읽기가 익숙해진 뒤에는 알랭 드 보통, 파울로 코엘료, 무라카미 하루키 등의 베스트셀러 책을 완독했다. 고전을 읽을 때보다는 한결 수월한 느낌을 받았다. 윤동주 시인의 『하늘과 바람과 별과 시』를 읽은 뒤에는 에세이와 현대시에도 관심을 가져 이병률 시인의 산문집부터 하상욱 시인의 가벼운 시집까지 찾아 읽었다.

이병철 삼성 창업주는 말했다.

"소설 속에서는 실제 생활에서 우리가 겪지 못하는 많은 인간을 실제 이상으로 실감나게 겪을 수 있다. 소설에는 인간의 심리가 자세히 묘사되어 있는데, 비즈니스는 결국 사람의 마음을 움직이는 일이다. 그러니 우리는 소설을 읽어야 한다."

나 역시 이성의 벽돌로 견고히 쌓아올렸던 세계에 문학이라는 꽃을 피우면서 더욱 성숙한 눈으로 주변을 살필 수 있게 되었다.

삶의 질을 끌어올리는 균형 잡힌 독서가 필요하다

사람은 필요성을 느껴야 움직이는 법이다. 아무리 좋은 책이 있어도 내가 지금 처한 문제를 해결할 수 없다면 좋다고 느낄 수 없다. 〈1천 권 독서법〉 역시 그랬다. 처음에는 직장에서 업무를 수월하게 하기 위해 자기계발과 경제 경영 분야의 책을 주로 읽었다. 다음에는 양육과 가정 살림에 관한 책을 읽었다. 그 뒤 인문 고전과 문학을 탐독하면서 다채로운 삶의 아름다움에 대해 생각하게 되었고, 지금은 다른 분야에 관심이 매우 많다.

그러나 1천 권을 넘게 읽은 지금도 순수 과학, 예술 등 특정 분야의 책은 10권도 읽지 못했다. 분명 편향된 독서다. 바로 앞에서 다독을 하면 편향 독서를 바로잡을 수 있다고 했는데, 나 스스로 편향된 독서 습관을 버리지 못한 것이다.

십진분류법으로 정리한 1천 권 도서 목록				
구분	000 총론	100 철학	200 종교	300 사회 과학	400 순수 과학
비율	1% (약 10권)	3% (약 30권)	5% (약 50권)	27% (약 270권)	1% (약 10권)
구분	500 기술 과학	600 예술	700 어학	800 문학	900 역사
비율	33% (약 330권)	1% (약 10권)	1% (약 10권)	26% (약 260권)	2% (약 20권)

그렇다면 다독 외에 어떤 방법으로 균형 잡힌 독서 습관을 가질 수 있을까? 균형 독서를 실천하고 강조한 대표적 인물로는 피터 드러커, 괴테, 김재철 회장, 구본형 작가 등을 들 수 있다. 동원그룹 김재철 회장은 '문사철 600'이라는 균형적 책 읽기의 노하우를 공개했다. '문사철 600'이란 문학 300권, 역사 200권, 철학 100권의 준말로 인문학의 기초를 닦을 수 있는 방법이다. 피터 드러커는 3~4년마다 한 가지 주제의 책을 집중적으로 읽고 도전해 성과를 냈으며, 구본형 작가는 균형적 책 읽기로 삶의 질을 끌어올릴 것을 강조했다. 〈1천 권 독서법〉은 끝났지만, 〈2천 권 독서법〉은 이제 시작되었다. 〈2천 권 독서법〉의 목표는 균형 잡힌 독서를 실천하는 것이다.

현실적으로 하루 2권 이상의 책을 읽는 게 가능할까? 어떤 사람은 하루에 10권 이상의 책을 읽을 수 있다고 주장하지만, 나는 엄마이자 직장인으로서 절대 실현 불가능한 얘기라고 생각했다. 그래서 내린 결론이 하루 3시간씩 어떻게든 시간을 내어 한 권의 책을 읽는 것이었다. 하루 한 권씩 5년 6개월이면 2천 권의 책을 읽을 수 있다고 판단했다.

3부

평생 지속 가능한
독서 습관 만들기

매일매일
회사 가듯 읽는다

하루도 거르지 않는 습관의 힘

"도대체 어떻게 해야 매일 책 읽는 습관을 가질 수 있나요?"

"매일 책을 읽는다는 건 혹시 운동 중독 같은 건가요?"

매일 책을 읽는다고 하면 이상하게 생각하는 사람들이 있다. 하지만 매일 무엇인가를 한다는 것은 이상한 일이 아니다. 생각해보면 우리는 태어나는 순간부터 매일 무엇인가를 배우고 있다. 자발적이든 비자발적이든 외부로부터의 자극을 끊임없이 받아들이고 내 것으로 만든다.

매일 무엇인가를 하는 대표적인 사람으로 일본의 야구 선수 이치로를 들 수 있다. 그의 일기장에는 세 살 때부터 야구 연습을 시작했고, 일곱 살 때까지는 이틀에 한 번씩 1년에 절반을 야구 연습에 할애했다고 적혀 있다. 그리고 초등학교 3학년 때부터는 365일 중 360일을 야구 연습하는 데 썼다. 오늘날 그가 얻은 야구 선수로서의 명예는 이렇게 매일 연습을 한 덕분이다.

지금 이 책을 읽고 있는 독자가 직장인이라면, 당신도 매일 거르지 않고 무엇인가를 하고 있다. 바로 출근이다. 처음 취직한 게 언제인가? 1년? 5년? 10년? 어떻게 당신은 그렇게 오랫동안 직장을 다녔을까? 그냥 습관처럼 출근했을 뿐이다. 특별한 비결은 없다. 회사 가기 싫은 날에도, 몸이 아픈 날에도 자리에서 일어나 출근했을 뿐이다. 책 읽기도 다르지 않다. 회사에 가듯 매일 읽으면 된다.

다만 매일 책을 읽기 위해서는 추가적인 노력이 필요하다. 시간과 분위기와 마음을 관리해야 한다. 개인 시간을 쪼개 독서에 할애하고, 책 읽을 수 있는 분위기를 만들고, 집중할 수 있어야 한다. 독서는 자기 수양의 한 과정이다. 스스로 엄격하게 습관을 들여야 지속할 수 있는 힘을 얻을 수 있다.

독서는 언제나 늦지 않았다

펜실베이니아 주립대 인간발달가족학과 교수 셰리 윌리스는 '시애틀 종단 연구'라고 부르는 장기 뇌 연구 프로그램을 진행한 결과

"40세부터 65세 사이의 사람들이 어휘, 언어 기억, 공간 정향, 귀납적 추리 부문에서 가장 우수하다"는 사실을 발견했다. 미국 심리학자 카텔과 혼도 "기억력을 의미하는 유동성 지능은 나이가 들면서 떨어지는 반면, 지식과 경험에 의해 만들어지는 결정성 지능은 올라간다"고 보고했다. 독서는 바로 이 결정성 지능을 가장 효율적으로 발전시킬 수 있는 수단이다.

〈1천 권 독서법〉을 시작하기엔 당신의 나이가 너무 많다고 생각하는가? 아직 70대가 되지 않았다면 알츠하이머병을 예방하기 위해서라도 당장 책 읽기를 시작하기 바란다. 뇌과학자들은 정신적 활력을 유지하고 노화를 늦추는 방법으로 지금껏 해보지 않은 과제를 수행해보라고 조언했다. 새로운 시도를 하면 평소 혈액이 공급되지 않던 뇌 부위까지 혈류가 흐르게 되고, 알츠하이머를 유발하는 아밀로이드라는 성분이 적어져 정신 건강이 유지된다는 것이다. 여기서 중요한 사실은 70대 이후에는 예방 효과가 현저히 떨어진다는 사실이다. 정말 치매를 예방하고 싶다면 40대 이전부터 지속적인 학습을 통해 두뇌를 자극해야 한다.

주변에 뭔가 뛰어난 성과를 남긴 위인들은 대부분 젊어서부터 쉬지 않고 새로운 일에 도전한 사람들이다. 현대 경영학의 아버지 피터 드러커는 작고하기 전까지 모두 39권의 저서를 남겼는데, 그 가운데 3분의 2 이상을 65세 이후에 출간했다. 남들은 은퇴할 나이에 작가로서 새로운 인생을 시작한 것이다. 도대체 그런 힘은 어디에서 나오는 것일까?

『피터 드러커 강의』를 보면 답이 나온다. 그는 3~4년마다 새로운 주제 하나를 선택해서 그 분야의 책을 집중적으로 섭렵했다. 그렇게 60년 이상을 새로운 영역을 연구하는 데 투자했다. 최고의 자리에 머무르기보다 늘 도전하기를 즐겼던 것이다.

최근 80세에 모델이 된 중국인 할아버지 왕데순이 인터넷을 뜨겁게 달구고 있다. 24세에 처음 연극배우라는 직업을 갖게 된 그는 한때 마임 극단을 차리기도 했지만, 일이 잘 풀리지 않아 빈털터리 신세가 되고 말았다. 하지만 포기하지 않고 44세에 영어 공부를 시작했다. 50세부터는 운동을 시작했고, 57세에 다시 무대에 복귀하였으며, 70세부터는 본격적으로 근육질 몸매를 만들었다. 그리고 80세가 되던 해 드디어 모델로서 무대에 올랐다. 그는 말했다.

"너무 늦었다는 생각이 들 때, 그런 생각이 변명거리가 되도록 놔두지 마세요. 당신이 무언가를 포기할 변명거리 말이에요. 아무도 당신의 성공을 막을 수 없습니다. 당신 자신을 제외하고는 말이죠. 전 지금 이 순간이 최고의 전성기랍니다."

주변 엄마들에게 이런 얘기를 하면 시간이 없거나, 집중력이 떨어져서 책이 잘 읽히지 않는다며 슬금슬금 자리를 피하는 경향이 있다. 자녀의 독서 습관에는 관심을 가지면서 정작 자신을 위한 독서 습관에는 소홀한 것이다. 장차 행복한 가정을 유지하기 위해 정말 독서가 필요한 사람은 누구일까? 부모일까? 아이일까? 당연히 바로 우리 자신이다.

오늘의 삼겹살을 내일로 미루지 말자

집 근처 음식점에서 재미있는 글귀를 보았다.

"오늘의 삼겹살을 내일로 미루지 말자!"

손님을 불러들이기 위한 광고였지만, 의미하는 바가 컸다. 내가 〈1천 권 독서법〉을 성공할 수 있었던 가장 큰 비결은 책을 읽어야겠다고 생각한 날 바로 실천에 옮겼던 덕분이다. 내일이나 내일모레로 미뤘다면 1천 권은커녕 10권도 읽지 못했을 것이다.

새해나 명절이 되면 많은 사람이 금연, 다이어트, 자격증 취득 등의 계획을 세운다. 이 말을 반대로 생각하면 특정한 시기가 되기 전까지는 금연이나 다이어트를 하지 않겠다는 뜻이다. 마음만 먹으면 언제든 시작할 수 있는데 그 마음조차 먹지 않으려고 버티는 것이다.

만약 독서를 하겠다고 마음을 먹었다면 차일피일 미루지 말고 오늘부터 시작하자. '온 우주는 내가 시작하기만을 기다리고 있다'고 생각하고 당장 움직이자.

독서를
우선순위에 놓는다

하루 4%만 투자해도 인생이 바뀐다

"책 읽는 시간은 따로 만들어야 하나요?"

"독서할 시간이 있다니…… 시간이 많아서 좋으시겠어요."

나는 애 둘을 키우는 워킹맘이다. 회사에서는 한창 일 많이 할 과장이고, 집에서는 대부분의 살림을 맡아 한다. 그래도 책 읽는 시간은 꼬박꼬박 챙긴다.

하루 24시간을 분으로 환산하면 1,440분이다. 이 중 1%, 즉 15분만 시간을 내면 한 달에 한두 권의 책을 읽을 수 있다. 더 여유를 가지고 4%, 1시간만 내면 일주일에 한두 권의 책을 읽을 수 있다. 아무리 바쁜 직장인이라도 하루의 4% 정도는 책 읽는 데 투자할 수 있지 않을까.

　심리학자 제임스 로어는 "하루에 1시간, 재충전할 시간을 확보하라. 무작정 쉬라는 얘기가 아니라 무엇이든 몰두해서 재충전할 시간을 가지라"고 말했다. 생산성을 높이기 위해서라도 1시간 정도는 자신을 위해 사용하라는 얘기다. 그리고 기왕이면 그 시간을 독서에 투지하리 권히고 싶다. 아침 출근 전 1시간, 출퇴근길 1시간, 점심시간 1시간, 퇴근 후 1시간, 잠들기 전 1시간…… 생각해보면 활용할 수 있는 시간이 참 많다.

　이마저도 어려울 정도로 바쁘다면 자투리 시간을 적극 모아보자. 실제로 직장인들의 자기계발 여부를 조사한 결과 응답자의 49.8%가 '시간 날 때마다 틈틈이 자기계발에 투자한다'고 답했다. 출근 전에 시간을 내는 사람은 3.6%, 출퇴근길을 활용하는 사람은 6.6%, 퇴근 후는 29.2%, 주말에 하는 사람은 10.8%로 나타났다. 그만큼 시간을 내기 어려운 환경에서도 많은 사람이 자기계발에 투자하고 있다는 얘기다.

　어떻게 해서라도 하루의 4%는 나를 위해 투자하자. 틈틈이 시간을 내서 1시간은 책을 읽자.

독서가 먼저다

독서는 시간의 문제가 아니다. 무엇을 우선순위에 놓느냐의 문제다. 역사적으로 위대한 업적을 쌓은 사람들은 대부분 독서를 삶의 우선순위에 놓았다.

"나는 독서할 시간 때문에 다른 일을 할 시간이 없다."
- 보나파르트 나폴레옹

"나는 대통령 임무를 수행하는 8년 동안 매일 저녁 하루 1시간씩 독서를 했다."
- 버락 오바마

나폴레옹이나 오바마는 분명 우리보다 훨씬 바빴을 것이다. 하루 24시간을 분 단위로 쪼개서 썼을지도 모른다. 하지만 이런 사람들조차 다른 일보다 독서를 우선순위에 두고 책을 읽었다. 그만큼 독서는 다른 일보다 중요하다.

우선순위의 중요성을 이해하기 위해 미국 제34대 대통령 아이젠하워가 제안한 시간 매트릭스를 살펴보자. 그는 우리에게 주어진 시간을 크게 4가지로 나누어 설명했다.

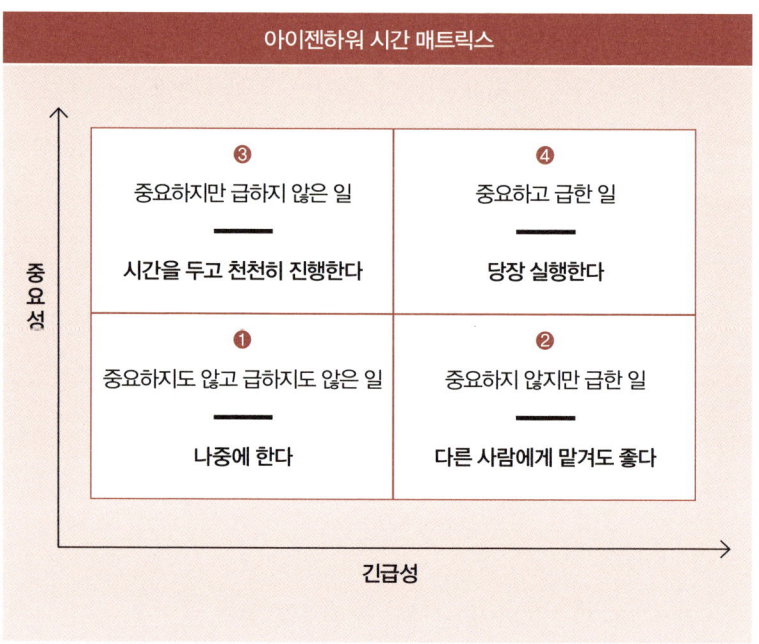

　왼쪽 아래(❶)는 중요하지도 않고 급하지도 않은 일을 하는 시간이다. 이때 사람들은 아무 생각 없이 스마트폰 게임을 하거나 새벽까지 텔레비전을 본다.
　오른쪽 아래(❷)는 중요하지 않은데 긴급한 일을 하는 시간이다. 갑자기 일처리를 부탁하는 전화를 받았거나 보고서 마감 기간이 다 가왔을 때가 해당한다.
　오른쪽 위(❹)는 중요하고 긴급한 일을 하는 시간이다. 누군가의 생명을 구하거나 당장 손익을 결정하는 업무 등이 이 시간대에 해당

한다.

마지막으로 왼쪽 위(❸)는 중요하지만 급하지 않은 일을 하는 시간이다. 독서가 바로 이 영역에 속한다. 자기계발을 위해 외국어 공부를 하거나 건강을 위해 운동을 해도 좋다.

아이젠하워는 "긴급한 일 중에 중요한 일은 없고, 중요한 일 중에 긴급한 일이 없다"고 말하며, 중요하지만 급하지 않은 일을 하는 시간의 영역을 늘릴 것을 주문했다. 자신을 위해 투자하는 시간이 무엇보다도 중요함을 강조한 것이다.

당신 삶의 우선순위는 무엇이며, 하루 시간의 얼마만큼을 이에 투자하고 있는가?

성공을 보장하는 SMART한 독서 생활

시간은 누구에게나 공평하다. 당신의 시간도 하루 24시간, 사장님의 시간도 하루 24시간, 노숙자의 시간도 하루 24시간이다. 나도 당신과 똑같은 하루를 산다. 7~8시간은 잠을 자고, 3~4시간은 집안일과 육아를 하고, 8~9시간은 직장에서 보낸다. 하지만 나머지 시간, 약 3시간 정도는 내 삶의 우선순위인 독서에 할애한다.

그런데 독서에 우선순위를 부여하는 것만으로는 제대로 된 책 읽기를 할 수 없다. 구체적이고(Specific), 측정 가능하며(Measurable), 달성 가능한 수준의(Attainable), 현실적인 목표를(Realistic), 시간제한을 두고(Time based) 설정해야 한다. 독서를 우선순위에 두는 건 그만큼 열심히 책을 읽겠다는 자신과의 약속일 뿐, 구체적인 성과를 약속하는 장치는 아니다.

현실적으로 달성할 수 있는 구체적인 목표를 정했다면 어떤 방법으로 진행할 것인지 고민해야 한다. 나의 경우 1천 권의 책을 읽겠다는 목표를 세우고, 하루 한 권 독서라는 방법을 선택했다. 길을 잃지 않기 위해 중간 중간 목표를 점검했고, 지나온 길을 잊지 않기 위해 독서 요약 노트도 만들었다.

자, 당신 삶의 우선순위는 무엇인가? 만약 독서로 정했다면 이제 구체적인 목표 달성 방안을 만들어보자. 혼자서 걱정할 필요는 없다. 〈1천 권 독서법〉을 펴낸 이유가 바로 여기에 있기 때문이다. 이제 독서에 활용할 수 있는 구체적인 시간 쪼개기 노하우를 살펴보자.

시간을 쪼개면 시간이 나온다

쉬는 시간의 여유를 즐기며

직장인은 바쁘다. 일이 많으면 많은 대로, 없으면 없는 대로 바쁜 게 직장인의 일상이다. 하지만 바쁘다고 해서 책을 읽을 시간이 없는 건 아니다. 잘 살펴보면 바쁜 와중에도 틈틈이 책 읽을 시간을 마련할 수 있다.

먼저 모든 근로자에게는 법정 휴게 시간이 있다. 근로자가 지휘 감독으로부터 벗어나 자유롭게 이용할 수 있는 시간이다. 모든 회사는 근로 시간이 4시간인 경우 30분 이상, 8시간 이상인 경우에는 1시간 이상의 휴게 시간을 근로 시간 도중에 주어야 한다. 이때야말로 직장에서 책을 읽을 수 있는 절호의 기회다.

이랜드 그룹 박성수 회장은 "매일 점심시간에만 책을 읽어도 한 달에 2권, 1년에 24권 책을 읽을 수 있다"고 했다. 실제로 점심을 먹은 뒤 커피를 마시면서 30분 동안 책을 읽는다고 가정했을 때, 매주 5일씩 4주를 반복하면 모두 600분, 10시간 확보할 수 있다. 만약 책 한 권을 읽는 데 5시간이 걸리는 사람이라면 한 달에 책 2권, 3시간이 걸리는 사람이라면 3권 이상을 읽을 수 있는 시간이다.

나는 매일 점심시간에 45분 동안 독서를 한다. 그러면 일주일(5일)에 225분, 3.5시간을 확보할 수 있는데, 이는 한 권의 책을 읽기에 매우 충분한 시간이다. 1년이 52주니까 점심시간에만 52권의 책을 완파하는 셈이다.

업무 시작 전 아침 시간이나 업무 종료 후 저녁 시간을 활용하는 것도 좋은 방법이다. 직장인 중에는 혼잡한 출퇴근길을 피하기 위해 조금 일찍 출근하거나 늦게 퇴근하는 사람이 많다. 그 시간에 졸거나 스마트폰을 만지작거리기보단 책을 읽는 게 어떨까?

직장인 쉬는 시간 활용 독서법				
언제	어디서	독서 시간	한 달(20일) 동안 확보 가능한 시간	한 달(20일) 동안 독서 가능한 권수
점심시간	내 자리 또는 카페	30분	10시간	2~3권
업무 시작 전	내 자리	30분	10시간	2~3권
업무 종료 후	내 자리	30분	10시간	2~3권

출퇴근 시간을 더욱 치열하게

출퇴근 시간도 나름 괜찮은 독서 시간이다. 몸을 가눌 수 없을 만큼 사람이 많지 않다면 어디서든 책을 펼칠 수 있다. 최근에는 도서 판형(책의 가로세로 길이와 높이)이 작아지는 추세여서 웬만한 책은 들고 다니기도 편하고, 사람들 틈에서 읽기도 편하다.

그렇다면 우리는 출퇴근 시간 동안 길 위에서 얼마나 오랜 시간을 보내고 있을까? 통계청 발표에 따르면 전국에서 통근 또는 통학하는 인원이 2,935만 명이고, 서울 거주 인구의 평균적인 편도 통근 시간이 40분을 넘기는 것으로 나타났다. 매일 1시간 20분, 한 달에 26시간을 출퇴근하는 데 소비하고 있는 셈이다.

그런데 대중교통을 타고 가다 보면 종이책 읽는 사람을 찾아보기가 하늘의 별따기다. 대부분 핸드폰을 만지거나 창밖을 쳐다보고 있다. 책 읽을 시간이 없다는 건 정말 변명이 아닐까 싶다. 그 시간을 온전히 책 읽는 데 쓴다면 최소 5권에서 8권을 읽을 수 있다. 물론 40분 동안 책만 읽기는 어려울 것이다. 그래도 한 번에 10쪽 정도를 읽는다고 가정하면 하루 20쪽, 일주일(5일)이면 100쪽, 한 달(20일)이면 400쪽을 읽을 수 있다. 보통 책이 300쪽 남짓이니 한 달에 책 1~2권은 출퇴근 시간에 해결할 수 있다.

직장인 출퇴근 시간 활용 독서법				
언제	어디서	독서 시간	한 달(20일) 동안 확보 가능한 시간	한 달(20일) 동안 독서 가능한 권수
출퇴근 시간	대중교통	80분	26시간 이상	5~8권

주중이 안 되면 주말엔 반드시

주중에 시간이 안 되면 주말 시간은 어떻게 해서라도 확보하자. 『토요일 4시간』(신인철 저 | 리더스북)이라는 책을 보면 자기계발을 위해서라도 매주 토요일 오전 4시간을 반드시 확보하라는 내용이 소개되어 있다. 토요일 오전을 통으로 독서에 할애하기 어렵다면 토요일 오전 2시간, 일요일 오후 2시간, 이런 식으로 4시간을 확보하자. 보통 책 한 권 읽는 데 4시간이 걸리는 사람이라도 일주일에 1권, 1년에 52권의 책을 읽을 수 있다.

직장인 주말 시간 활용 독서법				
언제	어디서	독서 시간	1년(52주) 동안 확보 가능한 시간	1년(52주) 동안 독서 가능한 권수
토요일 오전 (또는 주말)	집 또는 카페	4시간	208시간	52권

샐러던트도 하루 1시간 독서 시간 만들기

꼬박꼬박 출근하는 것도 힘든데, 퇴근한 다음 대학원까지 다니는 독한 사람들이 있다(꼭 나를 말하는 건 아니다). 이런 샐러던트도 마음만 먹으면 하루에 1시간까지 독서 시간을 모을 수 있다. 통학길 왕복 1시간, 수업 시작 전 20~30분, 쉬는 시간 10분씩 두세 번, 갑자기 생긴 공강 시간만 모아도 최소 하루 1시간 이상 시간이 나온다.

샐러던트 시간 활용 독서법			
언제	어디서	독서 시간	대학원 등교일마다 1시간씩 책을 읽었다고 가정할 경우 한 학기 동안 독서 가능한 권수
통학 시간	대중교통	1시간	일주일에 이틀 × 한 학기 17주 = 한 권당 4시간 소요시 8.5권
업무 시작 전	내 자리	20~30분	
업무 종료 후	강의실	20~30분	

워킹맘 & 샐러던트
하루 쪼개기

나만을 위한 하루 3시간

〈1천 권 독서법〉의 원래 목표는 2천 권의 책을 읽는 것이었다. 2천 권……. 결코 만만치 않은 숫자였다. 1년 안에 2천 권을 읽으려면 매일 5.5권을, 2년 안에 읽으려면 2.7권을, 3년 안에 읽으려면 1.8권을 읽어야 했다.

현실적으로 하루 2권 이상의 책을 읽는 게 가능할까? 어떤 사람은 하루에 10권 이상의 책을 읽을 수 있다고 주장하지만, 나는 엄마이자 직장인으로서 절대 실현 불가능한 얘기라고 생각했다. 그래서 내린 결론이 하루 3시간씩 어떻게든 시간을 내어 한 권의 책을 읽는 것이었다. 하루 한 권씩 5년 6개월이면 2천 권의 책을 읽을 수 있다고 판단했다.

다음은 하루 3시간 독서 시간을 짜내기 전에 먼저 작성했던 개인 일과표이다.

시간 \ 요일	화·수·금	월·목	토·일
전안나의 하루 일과표			
7:00~7:45	기상, 아침 준비, 출근 준비		기상, 아침 준비
7:45~8:30	출근		
8:30~17:30	회사 근무		가족 외출 밀린 집안일 점심 준비 휴식
17:30~18:30	퇴근	퇴근 후 대학원 수업	
18:30~23:00	저녁 준비 숙제 지도 및 집안일 아이들 재우기		저녁 준비 숙제 지도 아이들 재우기

하루 일과표를 자세히 보면 집에서는 집안일, 회사에서는 회사 일에 매진하느라 나만의 시간을 갖지 못하고 있음을 발견할 수 있다. 나를 위한 시간이 간절해졌다. 곰곰이 생각해본 결과 기상 직후와 출근 후, 다시 잠들기 전의 시간을 독서에 할애할 수 있겠다는 생각이 들었다. 이때가 유일하게 육아로부터 자유로울 수 있는 시간이었다.

하루 한 권 독서를 위한 3시간 확보 계획					
목표	기간	방법	1권 독서하는 데 필요한 시간	하루 3시간 모으기 계획
2천 권 독서	5년 6개월	하루 한 권 독서	3시간	기상 후 15분 업무 시작 전 30분 점심시간 45분 퇴근 전 30분 잠들기 전 60분

짬짬이 시간을 최대한 활용하라

계획을 세웠으니 이제 실행할 일만 남았다. 하지만 처음부터 시간을 계획적으로 활용하기란 쉽지 않았다. 새벽까지 잠들지 못하다가 늦잠을 자서 부랴부랴 출근한 적도 있었고, 야근하는 날도 많았다. 대학원 가는 버스에 사람이 너무 많아 책을 꺼내지 못하는 일도 있었다. 그래도 오랜 시간에 걸쳐 습관을 만든 결과 다음과 같이 독서 시간을 활용할 수 있었다.

퇴근하고 집으로 가는 화·수·금요일: 하루 3~4시간 독서		
시간	독서 습관	
	언제	어디서
7:00~	출근 준비 후 15분	집 거실
	출근길 20분	버스 안
8:00~	업무 시작 전 30분	회사 내 자리
12:45~	점심 식사 후 45분	회사 내 자리
17:40~	퇴근길 20분	버스 안
21:00~	저녁 식사 후 1시간	집 거실
23:00~	아이 잠든 후 1시간	집 거실

퇴근하고 바로 대학원에 가는 월·목요일: 하루 3~4시간 독서		
시간	독서 습관	
	언제	어디서
7:00~	출근 준비 후 15분	집 거실
	출근길 20분	버스 안
8:00~	업무 시작 전 30분	회사 내 자리
12:45~	점심 식사 후 45분	회사 내 자리
17:30~	통학길 1시간	버스 안
22:20~	귀가길 1시간	버스 안

아침 7시에 기상해서 아침밥을 차리고 아이들 등교 준비와 출근 준비를 마치면 보통 7시 30분 정도가 된다. 어떻게 30분 안에 이 모든 걸 짧은 시간 동안 할 수 있는지 궁금해하는 사람들이 있는데, 비결은 간단하다. 뭐든지 간단하게 하면 된다. 알람이 울리는 즉시 일어나 세수를 하고, 아침밥은 한 그릇 음식 위주로 간단하게 준비하고, 출근용 옷은 전날 저녁에 미리 챙겨두고, 화장품은 딱 세 개만 바르는 것이다.

7시 30분부터는 15분 동안 책을 읽고 출근한다. 출퇴근길에는 보통 영어 MP3 음원이 제공되는 영어책을 보거나 《굿모닝 팝스》 같은 영어 잡지를 읽는다. 출근길 20분, 퇴근길 20분씩 한 달을 반복하면 영어책 1권을 보면서 무려 800분의 영어 듣기 공부를 할 수 있다.

회사에는 보통 8시에 도착한다. 업무는 8시 30분부터 시작되기 때문에 30분 정도 책을 읽을 여유가 주어진다. 점심시간에도 45분의 독서 시간을 확보할 수 있다. 15분 동안 점심을 먹고 사무실에 올라와 느긋하게 커피를 마시며 책장을 편다.

퇴근 후에도 출근 전처럼 바쁘기는 매한가지다. 저녁을 준비하고, 아이들 숙제를 봐주고, 청소, 빨래 등 집안일을 하다 보면 어느새 저녁 9시다. 이때 가능하면 1시간 정도 책을 읽고, 10시에 아이들이 잠들면 1시간 더 읽는다. 대학원에 가는 월요일과 목요일에는 집에서 독서하는 대신 통학길에 책을 펼친다.

주말의 시간 활용법은 평일과 제법 다르다. 아침 7시에 일어나 1시간 정도 책을 읽다가 가족들이 모두 눈을 뜨면 아침을 준비한다. 집안일을 하고, 외출도 했다가 저녁을 먹으면 저녁 7시. 이때부터 2~3시간은 남편에게 아이들을 맡기고 본격적으로 독서를 한다. 물론 늦게까지 깨어 있어도 좋은 주말이기 때문에 마음에 드는 책이 있으면 새벽까지 집중하기도 한다.

토·일요일: 하루 3~4시간+@ 독서		
시간	독서 습관	
	언제	어디서
7:00~	기상 후 1시간 이상	집 거실
19:00~	저녁 식사 후 2~3시간	집 거실

이런 식으로 짬짬이 시간을 활용하면 다른 일이 생겨도 하루에 2~3시간은 독서 시간을 확보할 수 있다.

혹시 오밤중에 화장실에 가려고 일어났다가, 또는 아이가 칭얼거려서 깨었다가 뜬눈으로 밤을 지새운 적이 있는가. 다시 자고 싶겠지만, 이때도 책을 읽기에 매우 좋은 시간이다. 오로지 내게 집중할 수 있기 때문이다. 이런 시간을 스마트폰이나 텔레비전을 보는 데 낭비하는 건 너무 아까운 일이다.

작은 반복이 성공을 결정한다

모든 일은 시행착오를 거치면서 완성된다. 나도 처음부터 시간을 이렇게 알뜰하게 활용한 것은 아니다. 실패와 실패를 거듭하면서 차곡차곡 쌓인 습관이 나만을 위한 하루 3시간을 만들었다.

만약 아무리 노력해도 하루 3시간의 독서 시간을 만들기 어렵다면 실현 가능한 시간대로 목표를 조정해보자. 가급적이면 너무 손쉬워서 성공하지 않을 수 없는 목표가 좋다.

22년 동안 성공을 연구한 로버트 마우어 박사는 『아주 작은 반복의 힘』(로버트 마우어 저 | 스몰빅라이프)이라는 책에서 "목표를 달성하는 유일한 길은 작은 일의 반복이다"라고 말했다. 너무 거창한 목표를 세워서 하루만 지키기보다, 작은 목표를 세우고 일주일동안 지키는 게 더 소중한 경험이라는 것이다. 이렇게 작은 성공을 반복하다 보면 자신감이 쌓여 더 큰 목표에 도전할 수 있게 된다.

"변명 중에서 가장 어리석고 못난 변명이 '시간이 없어서'라는 변명이다."

- 토머스 에디슨

편안한
독서 분위기를 만든다

텔레비전과 소파 버리기

'맹모삼천지교孟母三遷之敎'라는 말이 있다. 맹자의 어머니가 자식을 위해 공동묘지 근처에서 시장으로, 시장에서 서당 근처로 세 번 이사를 했다는 뜻이다. 그만큼 인간의 성장에는 환경이 중요하단 얘기다.

독서도 환경이 중요하다. 특히 물리적 환경은 독서 습관에 큰 영향을 미친다. 그렇다고 해서 비싼 장비를 사거나 할 필요는 없다. 책이 읽고 싶도록, 책을 읽기 좋도록, 책상을 비우고 마음에 드는 책을 꽂아두는 정도면 된다. 회사에서는 눈에 잘 보이는 곳에 책 2~3권을 놓아두는 것만으로도 족하다. 상사의 눈치가 보인다면 업무에 관련

된 책을 놓아두자. 자기계발 의지가 뛰어난 사람으로 보여 점수를 얻을 수 있다.

퇴근 후 집에서 습관적으로 앉는 곳 근처에 책을 두는 것도 좋다. 나는 퇴근하면 습관적으로 거실 소파에 앉아 텔레비전을 틀었다. 그러다 누워서 몇 시간씩 그냥 보내곤 했다. 〈1천 권 독서법〉을 시작한 이후 내가 가장 먼저 한 일이 낡았다는 이유로 소파를 버린 것이었다. 텔레비전도 방으로 옮기고, 대신 그 자리에 6인용 식탁과 책장을 두었다.

소파와 텔레비전을 없앤 뒤 퇴근하면 거실 의자에 앉아 수시로 책을 읽었다. 가까운 곳에 책이 있으니 손이 안 갈래야 안 갈 수가 없었다. 남편과 아이들도 방에서 텔레비전을 보다 지겨워지면 거실로 나와 함께 책을 읽었다. 나를 위한 선택이 온 가족의 독서 습관으로 이어진 것이다.

물론 나도 즐겨보는 프로그램이 있다. 그럴 땐 무조건 책을 들고 텔레비전 앞에 앉는다. 광고가 나오거나 지루한 내용이 나올 땐 언제든 책을 읽기 위함이다. 그러다 보면 어떨 땐 내가 텔레비전을 틀었는지도 모르고 책을 읽기도 한다.

책 읽는 자세도 독서 습관에 영향을 미친다. 이미 알고 있겠지만, 책과 눈의 거리는 30cm 정도가 적당하며, 눈의 피로를 줄이기 위해 최대한 밝은 환경에서 책을 보는 게 좋다. 허리와 등을 꼿꼿이 세우고, 틈틈이 스트레칭을 하거나 휴식을 취하면 지치지 않고 책을 읽을 수 있다.

도서관 근처로 이사하기

내가 아는 어떤 이는 독서를 좋아해서 이사할 집을 고를 때 근처에 도서관이 있는지를 꼭 알아본다고 했다. 평소 '한 독서' 한다고 자부했던 나도 그의 얘기를 듣고는 깜짝 놀라지 않을 수 없었다.

'정말 세상에는 읽을 책도 많고, 독서 고수도 많구나.'

실제로 도서관이 근처에 있으면 독서 습관을 만들기에 유리하다. 책을 다양하게 읽을 수 있고, 도서 구매에 들어가는 비용도 줄일 수 있기 때문이다. 도서관에서 독서인들의 뜨거운 열기를 공유할 수 있는 건 물론이거니와, 최근에는 각종 문화 시설을 제공하는 곳이 많아 균형 있는 삶을 즐길 수도 있다.

공공 도서관이 근처에 있는지 찾아보고 당장 회원 카드를 만들어보자. 가족이 있다면 함께 만드는 것도 좋은 방법이다. 1인당 7권을 대여할 수 있는 도서관이라면, 네 식구가 한 번에 28권의 책을 빌릴 수 있다. 그만큼 다양한 책을 동시에 확보할 수 있는 것이다.

꼭 읽고 싶은 책을 두세 권만 빌릴 수도 있다. 하지만 나는 가급적이면 대여 한도를 가득 채우는 편이다. 공공 도서관은 보통 2주 동안 책을 빌려주는데, 대여 마감일이 다가오면 심리적 압박 때문에라도 어떻게든 시간을 내어 빌린 책을 다 읽게 되기 때문이다. 그래도 읽지 못한 책은 당일 도서관에서 반납하기 전에 반드시 다 읽는다. 조금 억지스러운 독서지만 그만큼 책을 많이 읽을 수 있다.

나는 집 근처 뿐만 아니라 회사 근처에 있는 공공 도서관에도 회원으로 가입했다. 공공 도서관은 교육청, 구청, 동사무소 등의 운영 주체에 따라 보유하고 있는 책의 종류와 프로그램이 다르다. 그러므로 그때그때 필요한 도서관을 선택해서 활용하면 좋다. 물론 중복 가입도 가능하다.

동네방네 소문내기

설문조사를 통해 알게 된 놀라운 사실 가운데 하나는, 독서 목표를 세우는 사람이 의외로 많다는 것이다. "매년 내 나이만큼 읽겠다", "한 달에 최소 한 권은 읽겠다", "읽은 책의 높이가 내 키만큼 될 때까지 읽겠다" 등 오히려 독서 목표를 세워보지 않은 사람이 드물었다. 하지만 이 목표를 실제로 실천하는 사람은 얼마나 될까. 답은 '거의 없다'이다.

이렇게 독서 목표가 생겼을 때는 생각만 하지 말고 반드시 주변에 소문을 내야 한다. 소문을 내면 사람들의 반응을 자꾸 의식하게 되고, 지키지 않을 경우 거짓말을 했다는 불편함을 느끼게 된다. 이런 감정을 심리학에서는 '인지부조화'라고 부른다. 인지부조화의 감정을 느끼면 사람은 의식적으로 말과 행동을 일치시킴으로써 부족함을 줄이려 노력하게 된다.

상대방을 통한 환기 효과도 불러올 수 있다. 독서 목표를 머릿속에서 까맣게 지웠던 사람도 상대방이 "전에 말한 독서 목표는 잘 실천하고 계세요?"라고 물어보면 그날 밤 다시 책을 펴게 된다. 나는 얼마나 소문을 많이 냈는지 요즘도 종종 "하루 한 권 독서는 잘되고 있어요?"라며 물어보는 사람이 있다.

또 소문을 내서 좋은 점은 책 선물을 많이 받을 수 있다는 것이다. 책은 저렴한 가격으로 큰 의미를 전할 수 있는 몇 안 되는 물건 가운데 하나다. 그래서 자주 책을 읽는다고 얘기하면 많은 사람이 책을 선물해준다. 자기가 읽은 책 가운데 추천할 만한 작품을 선물하기도 하고, 내 상황에 맞는 책을 골라주기도 한다. 예를 들어 직장에서 일로 만난 사람은 업무에 도움이 되는 자기계발서를, 부모의 입장으로 만난 사람은 자녀 교육서를 선물해주는 식이다. 책을 고르기 애매한 경우엔 문화상품권을 주기도 한다.

책을 많이 읽는다고 소문나면 주변에서 오히려 시간을 챙겨주기도 한다. 쉬는 시간에 간섭 없이 책 읽을 수 있도록 배려해주고, 잡다한 일도 조금씩 줄여준다. 그만큼 독서가 중요하다는 사실을 모두 알고 있기 때문이다.

혹시 여러분이 책 읽는 모습을 아니꼽게 보는 사람이 있다면 그 사람에게 독서 열등감이 있다고 생각하자. 독일의 대문호 헤르만 헤세는 이렇게 말했다.

"누군가를 미워하고 있다면 그 사람 모습 속에 보이는 자신의 일부분을 미워하는 것이다. 나의 일부가 아닌 것은 거슬리지 않는다."

그런 사람에게 마음에 드는 책 한 권을 선물하는 여유 있는 사람이 될 수 있었으면 좋겠다.

스스로 보상하기

어떻게 하면 책을 재미있게 읽을 수 있을까 고민하자. 스스로에게 동기를 부여해줄 수 있는 일이 있다면 무엇이든 하자. 꾸준한 독서는 생각보다 어려운 일이다. 아무리 마음을 굳게 먹어도 흐지부지되기 쉽다. 동기를 부여할 수 있는 보조적인 수단이 필요하다.

그런 의미에서 독서 목표를 달성하면 스스로에게 보상을 하자. 상을 줘서 성취감을 느끼게 하자. 힘들고 어려운 일을 할 때 보상은 충분한 도구가 될 수 있다.

나는 책 100권을 읽을 때마다 나에게 선물을 주기로 했다. 책 사고 선물도 사느라 돈이 제법 들었지만, 나에게 그만한 투자 가치는 있지 않을까 생각했다. 그리고 선물을 할 때마다 독서에 대한 동기 부여가 새로워지는 걸 느낄 수 있었다.

보상하기는 자녀의 독서 습관을 만드는 데에도 유효한 방법이다. 나는 아이들에게 강제로 공부를 시키지 않는다. 억지로 하는 공부는 효율이 떨어질 뿐만 아니라 사랑하는 아이들의 삶을 불행하게 만들기 때문이다. 그래서 우리 아이들은 학원도 가지 않고, 방과 후에 자기가 하고 싶은 일을 한다.

그런데 오직 하나, 독서 습관은 꼭 만들어주고 싶었다. 특히 첫째는 수학 문제를 풀 때, 계산은 잘하는데 긴 텍스트가 나오는 스토리텔링 문제는 이해하지 못하고 틀리는 경우가 종종 있었다. 그래서 책을 많이 읽으면 이해력이 높아지지 않을까 기대했다.

물론 처음부터 잘되지는 않았다. 초등학교 1학년 때에는 1년 내내 귀에 딱지가 앉을 정도로 잔소리를 했다. 그러면 엄마 말이 무서워서라도 잠깐 읽는 시늉을 했는데, 딱 거기까지였다. 그래서 2학년이 되었을 때에는 아이 이름으로 독서 기록장을 만들어주었다. A4 종이 위에 칸을 여러 개 그린 다음 1번부터 200번까지 번호를 매기고, 10번째 순서마다 받고 싶은 선물을 적게 했다. 아이는 좋아라 하며 자기가 먹고 싶고, 받고 싶은 것들을 빠르게 적었다.

첫째 아이가 독서 기록장에 적은 보상 목록					
독서 목표 (권)	읽은 책	받고 싶은 선물	독서 목표 (권)	읽은 책	받고 싶은 선물
10		아이스크림	110		초콜릿
20		딸기	120		사탕
30		초콜릿	130		오렌지 주스
40		초콜릿	140		망고 주스
50		실내 놀이터	150		실내 놀이터 가기
60		비빔국수	160		민섭이랑 놀기
70		계란빵	170		상금 1,000원
80		계란말이밥	180		엄마가 책 읽어주기
90		아이스크림	190		엄마랑 둘이 데이트
100		장난감	200		장난감

효과는 빨랐다. 빈칸에 다 읽은 책의 제목을 적고 목표에 도달하면 원하는 선물을 주겠다고 약속하자, 그날부터 하루에 2~3권의 책을 읽기 시작했다. 그리고 시작한 지 5개월 만에 200권의 책을 모두 읽었다. 1년 동안 아무리 잔소리를 해도 한 권의 책을 제대로 안 읽던 애가 무려 5개월 만에 200권을 독파한 것이다.

독서 습관도 제대로 잡혔다. 지금은 매일매일 책 읽는 걸 당연하게 여기고, 읽지 못한 날은 스스로 너무 아쉬워한다. 그 모습을 볼 때마다 나는 엄마로서 얼마나 뿌듯한지 모른다.

  물론 제대로 동기 부여를 하기 위해선 약속한 보상을 제대로 지급하지 않으면 안 된다. 가급적이면 선물은 미리 준비했다가 목표를 달성한 날 바로 주어야 한다. 실제로 아이가 150권째 책을 읽은 날에는 퇴근 후 실내 놀이터에 가서 밤 10시까지 놀아줬다. 그날따라 회사 업무가 바빠 매우 피곤했지만, 아이를 위한 약속인 만큼 반드시 지켜야 한다는 생각으로 놀이터를 찾았다.

  당장은 동기 부여를 위해 사소한 물건이라도 선물로 주고 있지만, 언젠가는 우리 아이가 독서 자체를 선물로 느끼는 날이 오리라 믿는다.

강제로 동기 부여하기

  자발적 동기 부여가 어렵다면, 반강제적으로 동기를 부여해보자. 프레젠테이션이나 보고서 작성에 필요한 책은 대개 마감이 정해져 있기 때문에 억지로라도 읽을 수밖에 없다. 지금 내가 처한 문제가 무엇인지 고민해보고 관련 책을 구입하면 정말 필요에 의해 읽게 된다. 중요한 시험을 앞둔 수험생이 간절한 마음으로 문제집을 푸는 것과 비슷하다.

  도서관에서 한 번에 읽기 어려울 정도로 책을 많이 빌리는 것도 방법이다. 이때 중요한 건 책을 읽는 순서다. 나는 가장 읽고 싶은 책을 맨 마지막 순서에 두는데, 그러면 앞에 있는 책을 최대한 빨리 읽게 된다. 재미있는 책을 먼저 읽게 되면 상대적으로 다른 책들의 재미가 반감되어 독서의 동력을 잃게 된다.

조금이라도
쉽고 재미있게 읽는다

어려운 책, 청소년용으로 쉽게 읽자

　책은 꼭 책상에 앉아서 올바른 자세로 읽어야 할까? 어린이가 읽는 책을 어른이 읽으면 안 될까? 책 읽으면서 술 좀 마시면 안 될까? 안 될 건 없다. 남들과 다른 나만의 방법을 발견하면서 읽으면 책 읽는 재미가 두 배로 뛴다!

　고전이나 필독서로 지정된 책들은 왜 그리 어려운 게 많은지 모르겠다. 읽다 보면 머리가 지끈지끈 아파오고, 이해가 어려워 다시 앞장을 들춰 보게 된다. 그야말로 독서 의욕이 뚝뚝 떨어진다. 나 역시 『도덕 감정론』, 『국부론』, 『사회 계약론』 같은 책을 보다가 덮어버린 기억이 있다. 그런데 이렇게 어려운 책을 재미있고 쉽게 읽는 방법이 있다. 바로 청소년용으로 읽는 것이다.

보통 청소년용 도서는 그 분야의 전문가들이 청소년을 위해 쉽게 재해석한 책이다. 이해를 돕기 위해 단어를 평이하게 고치고, 내용에도 약간의 변형을 가하지만 크게 다르지는 않다(사실 청소년용 도서도 이해하기 쉽지 않은 경우가 많다). 오히려 핵심적인 내용만 따로 편집해서 머릿속에 쏙쏙 들어온다.

나는 어려운 고전을 읽을 때 청소년용으로 '미리 읽기'를 한 번 하고 다시 원서 번역본을 읽는다. 그러면 낯선 단어가 나와도 그 의미를 전체적인 맥락에서 추론할 수 있으며, 다음 내용을 예측할 수 있어 이해가 훨씬 쉽다. 개념을 충분히 이해하고 읽을 때와 그렇지 않을 때의 차이는 생각보다 크다.

지금 하루에 한 장 읽기도 힘든 책을 끌어안고 고민하는 사람이라면 청소년용으로 읽어보길 권한다. 청소년용만 읽어도 책의 내용을 이해하는 데에는 무리가 없다. 단, 원재료 그대로의 맛을 알고 싶다면 나처럼 한 번 더 원서 번역본을 추가적으로 읽어보길 추천한다.

고전과 해설서를 동시에 읽자

고전을 읽고 바로 이해할 수 있다면 좋겠지만, 솔직히 어렵다. 오늘날의 시선으로 그 시대의 사고방식을 이해하기란 사실상 불가능하다. 그런데 만약 이런 고전들을 현대의 시선으로 재해석한 책이 있다면 어떨까?

『국부론』의 저자로 잘 알려진 애덤 스미스의 첫 책은 1759년 펴낸 『도덕 감정론』이다. 이 책은 거의 800쪽에 달한다. 웬만해선 펼칠 엄두를 내기 힘든 분량이다. 그런데 이 책에는 해설집이 있다. 핵심 구절마다 작가가 해설과 사례를 넣어 만든 러셀 로버츠의 『내 안에서 나를 만드는 것들』이라는 책이다. 『도덕 감정론』을 제대로 읽고 싶은 사람은 스탠퍼드 대학교 교수이자 베스트셀러 저자인 러셀 로버츠가 쓴 『내 안에서 나를 만드는 것들』(애덤 스미스 원저, 러셀 로버츠 저 | 세계사)을 함께 읽어도 좋다.

모티머 애들러가 쓴 『독서의 기술』은 허용우 작가가 10대 청소년들이 쉽게 읽을 수 있도록 『독서의 기술, 책을 꿰뚫어보고 부리고 통합하라』(허용우 저 | 너머학교)라는 책으로 다시 펴냈다. 원서의 실용성을 강조한 이 책은 자신의 독서 수준을 깨닫고자 하는 초급 독자부터, 분석하며 읽는 고급 독자까지 두루 활용할 수 있게 만들어졌다.

이 밖에도 대부분의 고전은 현대에 맞게 재해석하거나 쉽게 풀이한 책이 시중에 많이 나와 있다. 어려운 고전 읽기에 도전하는 사람이라면 해설서를 십분 활용하기 바란다.

설레는 마음으로 장소를 바꾸자

나는 보통 거실에 만들어놓은 서재나 사무실 자리에서 책을 읽는다. 그러나 때론 일상적인 공간을 벗어나 색다른 느낌으로 독서를 즐기고 싶은 날이 있다. 이때 가장 먼저 찾는 곳이 분위기 좋은 카페다. 구수한 커피향과 은은한 조명이 어우러지면 평범한 책도 왠지 근사하게 느껴진다.

더 재밌는 독서를 하고 싶을 때에는 요즘 뜨고 있는 만화 카페에 간다. 우리가 익히 알고 있는 음습하고 침침한 만화방이 아니라, 카페처럼 깨끗하고 조명도 밝은 만화 카페 말이다. 만화 카페에는 만화뿐만 아니라 최근 잘 나가는 베스트셀러도 함께 비치되어 있다. 그래서 만화를 보다 지치면 일반 단행본이나 잡지를 읽을 수도 있다. 또 만화 카페 중에는 식사와 음료를 제공하는 곳이 많아서 하루 종일 꼼짝 않고 편안히 책을 볼 수 있다.

독서 의욕 충전을 위해 서점에 가는 것도 괜찮은 방법이다. 요즘 서점은 손님들이 자유롭고 편히 책을 읽을 수 있도록 편한 의자와 탁자를 곳곳에 비치해두고 있다. 출판사들이 몰려 있는 파주출판도시에 가면 개성 넘치는 카페와 서점을 만날 수 있으며, 홍대 인근 경의선 책거리에 가면 주제별로 분류한 2만 1,000여 권의 책을 기차 모양의 부스 안에서 만날 수 있다.

혹시 '북맥'이라는 말을 들어본 적이 있는가? 최근 내가 푹 빠져 있는 북맥은 'book'과 '맥주'의 합성어로 맥주를 마시며 책을 읽는 것이다. 퇴근 후 북맥을 하고 집에 가거나, 집에서 아이들을 재운 후 북맥하면 아주 상쾌하게 하루를 마무리할 수 있다.

집중력을
끌어 올린다

집중력의 차이

    공부할 때 보면 사람마다 선호하는 방법이 다르다. 혼자 있어야 집중이 잘되는 사람이 있는가 하면, 친구들과 어울리면서 해도 성적이 오르는 사람이 있다. 또 교과서 위주로 공부하는 사람이 있는가 하면, 자신이 정리한 노트를 보고 또 보는 사람도 있다.

    독서도 마찬가지다. 어떤 이는 입으로 소리 내어 읽어야 이해가 잘된다 하고, 어떤 이는 최대한 조용한 환경에서 읽어야 집중할 수 있다고 한다. 또 어떤 이는 밑줄을 치면서 읽어야 정리가 된다 하고, 어떤 이는 책에 흔적 남기는 걸 죽는 일만큼이나 싫어하기도 한다. SNS 시대에 어울리게 좋은 글귀를 발견하면 사진을 찍어 널리 알리는 사람도 많다.

어떤 방법이 옳고 그르다 말할 수는 없다. 자신에게 맞는 방법을 선택하면 그만이다. 여기서는 내가 시도했던 방법들 가운데 효과가 괜찮았던 것들은 소개하고자 한다.

소리 내어 읽기

초등학교 2학년 아들이 숙제를 하다 말고 엄마를 찾을 때가 있다. 스토리텔링 수학 문제를 푸는데 문제의 뜻을 이해하지 못하겠다는 것이다. 공식도 잘 외우고 계산도 곧잘 하는 앤데 이상하게도 문제를 이해하지 못해 이러는 경우가 종종 있다.

그럴 때 나는 문제의 의도가 무엇인지 바로 이야기해주지 않는다. 대신 크게 소리 내어 한두 번 읽어보라고 한다. 그러면 아이 스스로 문제 의도를 깨닫고 잽싸게 달려들어 해결하곤 한다. 그만큼 소리 내어 읽기는 집중력을 강화하고, 생각을 정리하게 한다.

나 역시 책을 읽다 집중력이 흐트러지면 작게 소리 내어 글을 읽는다. 그러면 머릿속에서 잡스러운 생각이 사라지는 걸 느낄 수 있다. 특히 종교 관련 서적을 읽을 때 효과는 빛을 발한다. 종교 서적은 앞장이나 뒷장이나 그 말이 그 말 같아서 읽고도 무슨 말인지 헷갈리는 경우가 많은데, 소리 내어 읽으면 정도가 덜하다.

그림 그리며 읽기

복잡한 장편 소설을 읽을 때 주로 사용하는 방법이다. 장편 소설은 등장인물의 가계도와 감정선이 매우 복잡하다. 아무 생각 없이 읽다 보면 이 사람이 저 사람인지 그 사람인지 헷갈려 자꾸 앞장을 들추기 십상이다. 조정래 소설가의 장편 소설 『태백산맥』, 『아리랑』, 『한강』(이상 해냄)은 등장인물이 무려 1,200명이나 된다고 하니 소설 읽기 또한 보통 일이 아님을 알 수 있다.

이럴 때 가계도나 관계도를 그리고 간단한 특징을 기록해두면 집중력을 유지하기 편하다. 인물 관계도를 만들어서 표지 안쪽이나 면지에 붙여 두면 그때그때 손쉽게 인물 정보를 파악할 수 있다.

다음은 미국 소설가 올컷이 지은 『작은 아씨들』을 읽을 때 만들어 책에 끼워둔 표이다. 등장인물은 많지 않았으나 서양 이름이 워낙 낯설게 느껴져 만들었는데, 책을 읽는 내내 큰 도움이 되었다.

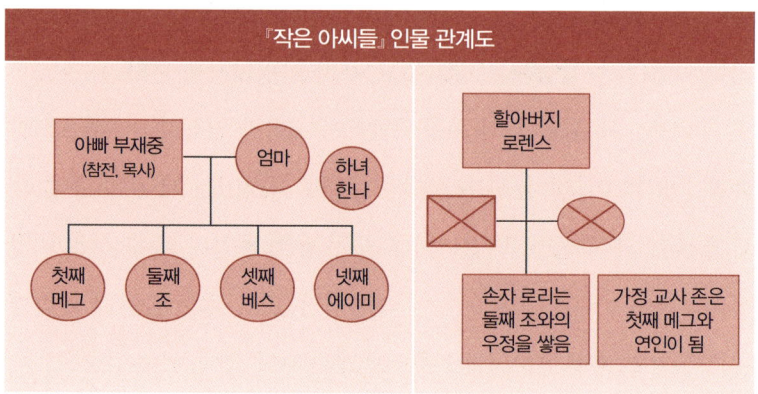

SNS나 독서앱 활용하기

최근에는 사람들의 SNS 활용이 활발해지면서 카카오톡 프로필이나 인터넷 카페, 커뮤니케이션앱에 책과 관련된 콘텐츠를 올리는 일이 잦아지고 있다. 나 역시 그렇다. 감동적이거나 좋은 글귀를 읽으면 지인들과 공유하고 싶은 마음에 거리낌 없이 SNS에 사진을 찍어 올린다. 때론 다른 사람이 블로그에 올린 도서 소개 글을 읽고 책을 사기도 하는데, 이런 문화가 활발해져서 많은 사람이 책을 더 사게 된다면 얼마나 좋을까 생각해본다.

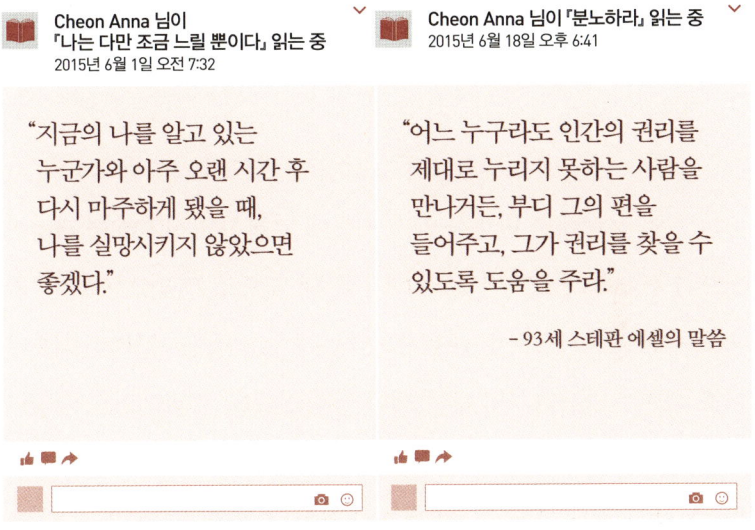

손으로 직접 메모하는 독서 요약 노트가 귀찮게 느껴진다면 스마트폰에 독서앱을 설치하는 것도 좋은 방법이다. 〈독서 다이어리〉,

〈독서 어플-북매니저〉, 〈비블리〉 등의 무료 앱은 자신이 읽은 책을 분야별로 정리할 수 있고, 메모 및 사진 저장 또한 가능하다. 특히 〈비블리〉는 책장에 꽂힌 책을 사진으로 찍으면 온라인 서재에 자동으로 등록해주는 놀라운 기능을 갖추고 있다. 집에 있는 책 리스트가 손쉽게 스마트폰 속으로 들어오는 것이다.

최근에는 책 읽은 분량을 표시할 수 있고, 도서도 공유할 수 있는 다양한 기능을 가진 독서앱이 많이 개발되었으니 자신이 편리한 것으로 선택하자.

기록하며 읽기

자신이 무슨 책을 읽었는지 그 내용을 반드시 기록해야 한다. 사람의 기억 용량에는 한계가 있기 때문에 기록하고 상기하는 과정이 반드시 필요하다. 그래야 책의 내용을 내 것으로 만들고, 언제든 활용 가능한 배경지식으로 삼을 수 있다. 위대한 천재로 알려진 레오나르도 다빈치, 찰스 다윈, 뉴턴, 에디슨, 아인슈타인, 피카소도 엄청난 양의 기록을 남긴 독서가들이었다.

독서 내용을 기록하는 방법은 다양하다. 책에 별표나 느낌표, 물음표 등의 부호를 표시할 수도 있고, 본문 옆에 느낀 점을 적을 수도 있다. 포스트잇을 붙이거나 모서리 부분을 접어서 언제든 찾아볼 수 있게 하는 것도 좋다.

　나는 책에 밑줄을 치면서 읽고, 저자가 주장하는 주요 내용이나 느낀 점, 내 삶에 적용할 점은 따로 요약 노트에 기록한다. 이런 식으로 정리한 책이 1천 권 가운데 약 500권이다. 기록지는 A4 종이를 한 번 접어 앞뒤 총 네 면을 사용하는데, 바인더로 7권 분량이다.

　아래는 나와 비슷한 방법으로 독서 내역을 기록하고 있는 30대 중반 남성 직장인의 노트이다. 실무자 모임에서 알게 된 그는 일주일에 한 권 읽기를 목표로 하고 있으며, 벌써 4년 째 그 목표를 향해 달려가고 있다. 그가 쓴 요약 노트를 참고해 여러분도 기록하는 독서 습관을 만들어보기 바란다.

			30대 직장인의 독서 요약 노트		
연번	도서명	저자	분야	날짜	내용 및 느낀 점
4	정의란 무엇인가	마이클 샌델	철학	1월	벤담의 공리주의-최대 다수의 행복, 존스튜어트 밀의 자유 지상주의-국가의 최소 개입/작은 정부, 아리스토텔레스 등 고대 철학자들의 가치를 토론하며 그들을 통해 우리가 겪고 있는 상황 속에서의 윤리적 딜레마를 고민해보는 내용.
34	(하룻밤의 지식여행) 마르크스	라우스	철학	8월	마르크스를 짧게 요약하기에는 한계가 있음. 철학은 읽을수록 매력이 있음. 그러나 매우 어려움. 왜 유명한 철학가들은 유럽에 많은 걸까? 추운 날씨 때문에 집에서 생각하는 시간이 많은 걸까?
55	글쓰기의 공중부양	이외수	문학	12월	이외수의 문장력은 화려한 듯하면서, 그 안에 많은 의미를 담고 있음. 배울 수 있는 점은 꾸밈없이 문장을 쓰고, 글쓰기를 수양하다 보면 특유하고 개성 있는 작문 능력이 가능하다는 사실.

평가하고 기록하고
정리한다

책 읽는 재미와 지식을 극대화하는 법

앞서 자신이 무슨 책을 읽었는지 반드시 기록하라고 말했다. 여기에서는 특색 있는 나만의 독서 기록장을 만들어 책 읽는 재미와 지식을 극대화하는 방법에 대해 설명하겠다.

나는 책을 읽은 뒤 크게 세 가지 방식으로 그 내용을 기록한다. 첫 번째 방식은 '도서 평가표'를 만드는 것이다. 책 읽은 날짜와 분야를 순서대로 정리하고, 만족도를 적어둔다. 두 번째 방식은 '독서 응용 노트'이다. 내용과 느낀 점 등을 기록해서 언제든 활용할 수 있게 만든 것이다. 세 번째 방법은 '나만의 서재 꾸미기'다. 내가 좋아하는 책이 가득 꽂혀 있는 책장을 보는 것만으로도 책 읽는 기쁨은 배가 된다.

하나, 도서 평가표를 만든다

책은 좋다. 하지만 모든 책이 다 좋은 건 아니다. 어떤 책은 두고두고 곱씹을 정도로 인상적이지만, 어떤 책은 돈이 아까워 땅을 칠 정도다. 독서 기록장에 좋은 책과 나쁜 책을 구별하여 적어보자. 어느 순간 책을 보는 눈이 한층 성숙해졌음을 느낄 수 있다.

나는 책을 읽은 뒤 매우 좋음(●), 좋음(○), 보통(△), 나쁨(×)으로 나누어 표시한다.

매우 좋음(●)으로 표시하는 책은 내 인생에 큰 도움을 주는 내용이 가득하고, 다른 사람들에게도 추천하고 싶은 책이다. 내가 SNS를 통해 소개하는 책들은 매우 좋음 평가를 받은 것이라 보아도 좋다.

좋음(○)으로 표시하는 책은 개인적으로는 도움을 받았지만, 다독을 하는 사람이 아니라면 읽지 않아도 괜찮은 책이다.

보통(△)으로 표시하는 책은 한 번 읽어봤다는 사실만으로 만족하는 책이다. 따로 누군가에게 추천해본 적은 없다.

나쁨(×)으로 표시하는 책은 내용이 조잡하고 배울 점이 없으며, 그 구성 또한 다른 책에 실렸던 내용을 짜깁기한 것이다.

도서관이나 다른 사람에게 빌려 읽은 책 중 매우 좋음으로 기록한 책은 즉시 구입해서 서재에 꽂아두고, 나쁨으로 표시한 책은 재활용 쓰레기통에 버린다.

도서 평가표 기록 방법				
표시	●	○	△	×
의미	매우 좋음	좋음	보통	나쁨
뜻	인생이 도움이 됨. 다른 사람에게 추천하고 싶음.	어느 정도 도움이 됨. 다독가에게 추천할 만함.	그냥 한 번 읽어본 것으로 족함. 굳이 추천하지 않음.	도움이 전혀 안 됨. 바로 버림.

도서를 평가하는 기준은 지극히 주관적이다. 오로지 내가 읽었을 때의 느낌을 기준으로 삼는다. 그래서 같은 작가의 책을 읽어도 평가는 모두 다르다. 아래는 내가 좋아하는 작가 알랭 드 보통의 책을 읽고 기록한 도서 평가표이다.

알랭 드 보통의 책에 대한 도서 평가표					
연번	날짜	분야	책 제목	작가	평가
499	2015. 06. 12	800 문학	왜 나는 너를 사랑하는가	알랭 드 보통	●
506	2015. 06. 17	800 문학	우리는 사랑일까	알랭 드 보통	●
509	2015. 06. 19	800 문학	너를 사랑한다는 건	알랭 드 보통	○
671	2016. 05. 22	800 문학	인생학교	알랭 드 보통	△

다시 한 번 말하지만, 책에 대한 평가는 매우 주관적이므로 직접 읽어보고 판단하기 바란다. 같은 작가의 책에도 각기 다른 평가를 내렸듯이, 책은 읽는 사람에 따라, 환경과 기분에 따라 다르게 느껴질 수 있다.

도서 평가표를 정리하면 무엇보다도 다시 읽고 싶은 책을 고를 때 큰 도움을 얻을 수 있다. 매우 좋음(●)으로 기록된 책 위주로 살펴보면 되기 때문이다. 나의 경우 지금까지 읽은 1천 권의 책 가운데 매우 좋음(●)이 110권, 좋음(○)이 340권, 보통(△)이 480권, 나쁨(×)이 70권 정도의 비율이었다.

둘, 독서 응용 노트를 만든다

나는 천재가 아니다. 기억력이 좋은 편도 아니다. 그래서 책을 읽고 시간이 흐르면 제목만 기억하고 내용은 까먹는 경우가 많다. '독서 응용 노트'를 만들고 꼼꼼히 기록하는 이유다.

매일 책을 읽는다는 건 뇌에 주름을 하나씩 새기는 일이다. 오랜 세월 인류가 축적해온 지식을 새기고, 모든 살아 있는 것들의 감정을 새기고, 선인들이 깨달았던 진리를 새기는 일이다. 그렇게 주름이 쌓이고 쌓여 삶을 살아가는 원동력을 만든다.

그런데 이 과정을 꼼꼼하게 기록해두지 않으면 아무리 좋은 책을 읽어도 소용이 없다. 오래 공들여 만든 멋진 모래성도 파도 앞에서는 한낱 모래에 불과할 뿐이다. 책을 읽으며 느낀 감동과 생각을 노트에 바로바로 적어두자.

나는 1천 권 책 가운데 500권 정도를 골라 7권의 노트에 요약 정리해두었다. 이 책들은 내게 특별한 지식과 감동을 선물했던 것들이다. 맘먹고 다시 읽으면 최소 3시간 이상 걸리는데, 이렇게 정리를 해두면 5분 만에 그때의 감동을 느낄 수 있다.

독서 응용 노트를 정리하는 방식은 각자의 성향에 맞게 정하면 된다. 나는 책 제목과 작가 이름, 특징 등을 먼저 적고, 작가의 이야기(내용 요약)와 내 생각, 적용점 등을 기록했다. 예시를 참고해 자신에게 맞는 노트 양식이 무엇일지 고민해보자.

독서 응용 노트 예시 1

도서 제목	인생의 차이를 만드는 독서법 본깨적	저자	박상배
책·작가 특징	• 저자 독서 강연을 듣고 구입, 작가가 만든 인생의 차이를 만드는 독서법 본깨적 양식 활용 가능 • 분야: 일반 독자를 대상으로 한 실용 서적/단행본/사회 과학 분야		

작가의 이야기

- 보고 깨닫고 적용하자
  - 본: 저자의 관점에서 볼 것 SKI(주제, 키워드, 인상적인 구절)
  - 깨: 나의 입장에서 깨달은 것 MRK(동기, 역할 모델, 지식)
  - 적: 우리(개인/회사)의 입장에서 적용할 것 KIA(개선, 아이디어, 행동 계획)
- One Book, One Message, One Action
- 에빙하우스 망각 곡선

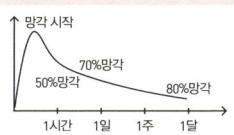

- 망각은 반복으로 이겨낼 수 있다
  - 1124 재독법 (1일, 1주, 2주, 4주 안에 재독) 한 달 안에 4번 반복
  - 333 재독법 (3일 동안 3명에게 3분 동안 말하기)
- 독서 관련 조언: 부족한 스펙을 책 읽기로 채워라. 책 읽기는 그 자체로 훌륭한 교육이다. 한사람의 변화가 조직을 변화시킨다. 사람 따라 책 읽기도 전파된다. 속독의 열쇠는 빨리 읽는 것이 아니라 배경지식에 있다. 필요한 부분만 골라서 읽어도 된다. 책은 어미 닭이다. 사람은 병아리이다. 한 권의 책은 하나의 씨앗이다. 책을 통해 삶을 바꾸고 싶다면 임계점을 통과해야 한다. 임계점은 삶의 경험과 변화에 대한 간절함에 의해 결정된다. 불영과불행(不盈科不行): 물이 흐르다 웅덩이를 만나면 그 웅덩이를 다 채운 다음에야 비로소 앞으로 나아간다. by 맹자

내 생각	적용점
• 직장을 그만두고 책 2,000권을 읽은 후 삶이 변화된 부분이 놀라움. 결단력! • 내가 지금 왜 힘든가? 대학원에 떨어져서 낙담. 엄마로서 부족함으로 인한 어려움. 회사에서의 소진 → 임계점이 되도록 독서를 한번 해보자. 독서로 스펙을 채워보자 • 책을 읽기만 하는 것이 아니라 내 생각을 정리하고 적용점을 실천해야 책을 다 읽은 것임을 알게 됨	• One Book, One Message, One Action • 독서 요약 노트 활용 • 추천 도서 14권과 인용 도서 8권 추후에 읽어볼 것

독서 응용 노트 예시 2

도서 제목	철학, 삶을 만나다	저자	강신주
책·작가 특징	* 책과의 인연: 북카트에서 누군가 반납한 책을 빌려왔는데 만족스러움 * 분야: 일반 독자를 대상으로 교양 서적 / 단행본 / 철학 분야			

작가의 이야기

- 항상 친숙한 삶의 조건을 낯설게 볼 필요가 있음. 가족, 국가, 자본주의로 요약되는 삶의 환경에 길들여져 있지 않은가? 익숙한 것이 항상 옳은 것은 아님
- 철학은 우리의 삶에서 나중에 알게 될 것을 미리 알 수 있게 해주는 힘 있음

  어떤 것을 제대로 보기 위해서는 거리를 두고 봐야 하는 것처럼 삶을 제대로 영위하기 위해서는 철학적 사유를 통해 삶을 낯설게 만들어야 함. 철학은 자명하다고 인식되어 온 모든 친숙한 것을 낯설게 만드는 일종의 고별 의식. 철학과 삶의 관계는 "내가 지금 알고 있는 걸 그때도 알았더라면"이라고 설명 가능

- 철학(philosophy)=사랑(philos)+지혜(sophos)
- 철학적 사유란 다시 반복되지 않을 소중한 삶을 후회 없이 살겠다는 우리의 의지와 결단으로부터 시작되는 것. 평소에 우린 생각 없이 산다. 기대하지 않았던 사건과 조우할 때만 생각이 발생한다. 철학은 '아직 여기'를 다루지만, 또한 동시에 '아직도 없는' 세계를 꿈꾸는 학문
- 죽음-1인칭 죽음, 2인칭 죽음, 3인칭 죽음. 1인칭 죽음이나 3인칭 죽음은 슬프지 않음

  2인칭 죽음이 슬픈 것은 나에게 의미 있는 당신·나·자기와의 죽음이기 때문
- 타자=나와는 다른 사람의 규칙을 가진 존재
- 자유로운, 행복한 주체로 살아가기

내 생각	적용점
* 타자의 의미를 보며 남편과 아이도 나와 다른 규칙을 가진 타자로서 존중해야 한다는 생각 * 남편이나 아이는 내가 아니다. 내 것이 아니다. 그들의 타자로서의 삶을 존중하고, 나 스스로 자유로우며 행복한 주체로 살아야 한다	* 철학 분야 책도 재미있을 수 있다. 겁내지 말고 철학 책을 읽어보자. 다음 도서관 방문 시 100번 철학 분야에서 2권 더 빌려보기 * 강의 때 책 인용하기

책을 읽는 동시에 핵심 내용을 파악하고 기록하는 건 사실 쉬운 일이 아니다. 만약 이 과정이 스트레스라면 굳이 하지 않아도 좋다. 무리해서 하다가 독서에 흥미를 잃으면 그게 더 손해다. 하지만 정보를 축적하고 싶은 욕심이 있다면 업무용 보고서를 쓰듯 독서 응용 노트를 적어보자.

지금까지 내가 만든 독서 응용 노트는 모두 7권이다. 평소 자기계발 분야의 책을 많이 읽어서 3권이 있고, 종교, 자녀 교육, 가정·생활, 전공 분야의 책을 기록한 게 1권씩이다.

독서 응용 노트 내역			
독서 응용 노트 번호	요약 분야	세부 내용	요약한 책 수
1-1번	기본 자기계발	자기 관리, 인문 고전, 교양 등	약 160권
1-2번	업무 관련 자기계발	리더십, 경영, 산업 등	약 100권
1-3번	강사 작가 자기계발	글쓰기, 말하기 등	약 50권
2권	종교	종교, 종교인 에세이 등	약 40권
3권	자녀	자녀 양육, 부모 교육 등	약 70권
4권	가정·생활	노후 준비, 자산 관리, 건강 등	약 50권
5권	전공 분야	전공 서적	약 20권

셋, 나만의 서재 꾸미기

한 언론사에서 직장인들을 대상으로 '매달 투자하는 자기계발 비용'이 얼마인지 물었다. 10만 원 미만이라는 의견이 55.8%로 1위를 차지했고, 10만 원 이상 20만 원 미만(27.6%), 20만 원 이상 30만 원 미만(8%), 30만 원 이상 50만 원 미만(4.6%), 50만 원 이상 100만 원 미만(3.6%), 100만 원 이상(0.4%) 순으로 나타났다.

자, 당신은 한 달에 몇 권의 책을 구입하는가?

대문호 헤르만 헤세는 "올바른 독자라면 장서가로서 책을 손에 넣고, 거듭 읽고, 손 뻗으면 닿을 곳에 가까이 두려고 한다. 책을 빌려 한 번 쭉 읽고 반납하면 간편하기야 하겠지만, 그렇게 읽은 책은 손을 떠나기 무섭게 잊히기 마련이다"라고 말했다.

우리 집에는 책장이 다섯 개 있다. 여기에는 어른용 책이 약 800권, 아동용 책이 약 1,000권 꽂혀 있다. 대부분 직접 돈을 주고 산 책이다. 공공 도서관이나 대학 도서관에서 빌려도 되지만 책을 굳이 구매하는 이유는 반드시 읽기 위해서다. 빌린 책은 읽지 못하고 반납하면 곧 머릿속에서 사라져 영영 이별하게 된다. 하지만 돈 주고 산 책은 계속 눈에 띄어 읽게 될 확률이 높다. 물론 돈 주고 산 게 아까워서 읽는 경우도 제법 된다.

도서관에서 빌려 읽었는데, 너무 마음에 들어 구매한 책도 있다. 그런 책은 어떻게든 구해서 '반려 도서' 칸에 고이 모셔둔다. 그렇다.

평생 함께할 반려 동물의 개념을 책에 적용한 것이다. 현재 소장하고 있는 800권 가운데 110권은 나만의 고전이자 반려 도서다.

재직 중인 회사 대표님은 생애 처음 받은 월급으로 고가의 전집을 구매했다고 한다. 또 내가 아는 사장님은 40대가 되기 전까지 매달 월급의 10%를 책에 투자했다. 나 역시 한 달에 한 번은 반드시 서점에 들려 평생 함께할 반려 도서를 고른다. 언제부턴가는 아이들도 따라와 책 한 권씩을 고르기 시작했다. 적지 않은 돈이 들지만, 전혀 아깝지 않다.

소중한 내 인생을 위해 월급날은 책 사는 날이라고 적어두자. 한 달에 단 한 권이라도 꼭 직접 고르고 구매하자. 그래야 읽게 된다.

PLAN-B를
가동한다

변칙적인 일정에는 변칙적인 독서로

삶은 계획대로 흘러가지 않는다. 그래서 첫 번째 계획이 틀어졌을 때를 대비해 PLAN-B를 만들어둘 필요가 있다.

직장인의 삶에는 변수가 많다. 최소한 독서 습관을 유지하는 데 있어서는 그렇다. 예정에 없던 저녁 약속이 갑자기 생기는 경우도 있고, 주말에 출근을 해야 될 상황이 생기기도 한다. 며칠 동안 출장이나 여행을 가는 일도 빈번하다. 이럴 땐 PLAN-B에 따라 자신의 독서 패턴을 잠시 바꿔 적용할 필요가 있다.

가장 흔하게 발생하는 변수가 저녁 약속이나 야근, 또는 주말 근무이다. 이럴 때 '오늘은 책 읽기에 영 글렀군' 하고 생각하면 절대 안 된다. '오늘은 평소보다 책을 조금 덜 읽겠군' 하고 생각해야 한다. 그래야 어떻게든 책장을 펼치게 된다.

나 역시 직장인이고 사회생활을 하기 때문에 평균 주 2회, 한 달에 10번 정도는 저녁 약속이나 야간 당직 업무에 시간을 빼앗긴다. 아이 둘 키우는 맞벌이 부부 치고는 적지 않은 시간을 외부 활동에 할애하는 셈이다. 그런데 나는 이때에도 책 읽기를 포기하지 않는다.

저녁 약속이 있을 때에는 약속 장소로 갈 때와 돌아올 때, 기다리는 시간에 1시간 이상 책을 본다. 야간 당직 근무를 설 때에도 항상 책을 챙긴다. 우리 회사의 당직 근무는 주로 전화 응대나 민원인 응대, 시설 관리 업무 같은 대기 시간이 많은 일이어서 정신만 바싹 차리고 있으면 책을 읽는 데 큰 문제가 없다.

출장을 가거나 여행을 갈 때엔 책을 가지고 가는 방법을 추천한다. 사흘짜리 일정이라면 3권을, 열흘짜리 일정이라면 10권을 들고 가자. 무게가 염려될 때에는 평소 어려워서 읽지 못했던 두꺼운 책을 한두 권 가져가는 것도 방법이다.

나는 워킹맘이라서 출장이나 여행을 갈 때 오히려 책 읽을 시간이 많다. 지난겨울엔 대학원 졸업 기념으로 유럽에 배낭여행을 다녀왔다. 그때 비행기에서 책 1권을 읽고 시간이 남아서 영화도 한 편 보았다. 숙소에서도 아침저녁으로 1~2시간씩 부지런히 책을 읽었다. 결국 한국으로 다시 돌아왔을 때 나는 가지고 갔던 6권의 책을 모두 읽을 수 있었다.

봄에는 회사에서 제주도로 연수를 다녀왔는데, 탑승을 기다리며 60분, 이륙을 기다리며 30분, 비행 중 30분, 이렇게 120분의 시간을 확보해 책 한 권을 거의 다 읽었다. 그리고 2박 3일의 일정을 마치고 다시 서울로 돌아왔을 때 내 가방에는 다 읽은 책 4권이 들어 있었다. 원래는 책을 3권 가지고 갔는데, 돌아오는 비행기를 기다리며 1권을 더 샀던 것이다.

이처럼 연수나 여행은 밀린 독서를 하기에 딱 좋은 기회다.

일상에 지친 당신, 독서 휴가를 떠나라

'독서 휴가'라는 말을 들어보았는지 모르겠다. 성군 세종 대왕은 신하들에게 '사가독서賜暇讀書'라는 것을 주어 산속에서 조용히 독서를 하도록 했다. 다음은 실제로 『세종실록』에 적힌 임금의 말씀이다.

"내가 그대들을 집현전 관원에 임명한 것은 나이가 젊고 장래가 있으므로 다만 글을 읽혀서 실제 효과가 있게 하고자 함이었다. 그러나 각각 직무로 인하여 아침저녁으로 독서에 전심할 겨를이 없으니, 지금부터는 출근하지 말고 집에서 전심으로 글을 읽어 성과를 나타내어 내 뜻에 맞게 하고, 글 읽는 규범에 대해서는 변계량의 지도를 받도록 하라."

대영 제국의 전성기를 이끌었던 빅토리아 여왕 시대에도 '셰익스피어 휴가'라는 독특한 휴가 시스템이 있었다. 빅토리아 여왕은 고위 신하들에게 3년에 한 번씩 한 달 유급 휴가를 주고 셰익스피어의 작품을 읽은 뒤 독후감을 제출하도록 지시했다. 그만큼 독서가 나랏일을 하는 데 중요하다고 보았던 것이다.

나도 한 번씩 독서 휴가를 간다. 세종 대왕이나 빅토리아 여왕의 부하 직원처럼 유급 휴가를 받는 것은 아니지만, 스스로 행복하기 위해 독서 휴가를 간다. 눈치 안 보고 마음껏 책을 읽고 싶을 때, 한 달음에 보고 싶은 책이 있을 때 회사에 연차 휴가를 내고 빈집에 틀어박혀 종일 책을 읽는다. 1년에 한 번은 1박 2일이나 2박 3일로 좋은 휴양지에 가서 책만 읽고 오기도 한다. 사랑하는 나를 위해 이 정도는 충분히 투자할 만하지 않은가.

언제나
다시 시작한다

그래도 하는 게 낫다

여러 번 목표 달성에 실패한 사람들은 어느 순간 아예 목표 자체를 세우지 않는 자기 합리화의 함정에 빠지고 만다. '어차피 지키지도 못하는 거 계획만 세우면 뭐해? 실망만 할 뿐이지' 하고는 지레 겁을 먹는다. 하지만 절대 그래선 안 된다. 목표가 없으면 우리의 삶은 조금도 나아지지 않는다.

실제로 목표한 바를 이루는 사람이 우리 주변에 몇이나 될까? 열에 아홉, 아니 거의 대부분은 목표에 다다르지 못한다. 새해가 되면 금연이나 금주를 다짐하는 사람들을 쉽게 볼 수 있다. 그러나 실제로 끊는 경우는 드물다. 독하게 마음먹고 끊은 이들도 알고 보면 시행착오를 숱하게 겪은 사람들이다. 다이어트는 또 어떤가. 다이어트를 다짐하는 순간 야식이 땡겨서 포기했던 적은 없는가.

그래도 이들은 아예 목표를 세우지 않는 사람보다는 낫다. 최소한 며칠은 목표를 이루기 위해 노력했을 테니까. 잠깐이나마 술 담배를 끊고, 열심히 운동을 하고, 책을 사서 읽었을 것이다. 그러나 목표조차 세우지 않은 사람은 아무것도 하지 않는다. 소중한 시간을 그저 흘려보낼 뿐이다.

작년 회사 시무식 때 이루고자 하는 계획 세 가지를 쓰고, 종무식 때 달성 여부를 발표했다. 개중에는 독서 목표를 세운 사람도 몇 있었는데, 달성률은 다음과 같았다.

독서 목표 달성률				
구분	직원 A	직원 B	직원 C	전안나
독서 목표	한 달에 한 권씩 1년에 12권	본인 나이만큼 1년에 35권	일주일에 한 권씩 1년에 50권	하루 한 권씩 1년에 365권
달성률	6권 / 50%	25권 / 72%	30권 / 60%	201권 / 55%

달성하기 어렵다는 이유로 일부러 목표를 낮게 잡는 사람들이 있는데, 그런다고 해서 달성률이 높아지는 건 아니다. 가만 보면 목표를 낮게 잡은 사람일수록 달성률이 떨어지는 걸 확인할 수 있다. 그만큼 자기 목표를 실현하겠다는 의지가 약하기 때문이다. 물론 그래

도 아예 목표를 세우지도 않고, 읽지도 않은 사람보다는 낫다.

실현하기 어려워도 꾸준히 목표를 세우기 바란다. 기왕이면 높은 목표를 세워라. 그러면 결국엔 무엇인가 남는 게 있다. 강철왕으로 잘 알려진 미국 실업가 윌리엄 카네기도 이렇게 말했다.

"시작하고 실패하는 것을 계속하라. 실패할 때마다 무엇인가 성취할 것이다."

작심삼일도 열 번이면 한 달이다

굳게 결심했던 일을 한순간의 실수로 그르치는 경우가 있다. 이때 자신을 질타하며 그동안 쌓아올린 모든 것을 포기하고 원점으로 되돌아가는 사람들이 있다. 이렇게 그동안의 절제 결심이 한꺼번에 무너지는 현상을 심리학에서는 '에라이 효과 what-the-hell effect'라고 한다.

우리는 대부분 이런 심리적 효과로부터 자유롭지 못하다. 앞서 얘기한 것처럼 매년 수많은 사람이 금연, 금주, 다이어트를 굳게 결심하지만, 끝까지 가는 사람은 드물다. 몇 개월을 참았던 사람도 한 번 무너지면 언제 그랬냐는 듯 다시 이전으로 돌아간다. 오히려 그동안 참았던 걸 보상받기 위해 더 심하게 먹고, 마시고, 피운다.

사자성어 가운데 '작심삼일作心三日'이라는 말이 있다. 단단히 먹은 마음이 차마 사흘을 가지 못한다는 뜻이다. 그만큼 사람의 마음은 상황에 따라 쉽게 변하고 타협한다. 이렇게 변하는 마음을 처음의 의지대로 잡기란 보통 어려운 일이 아니다.

하지만 작심삼일도 열 번이면 한 달이다. 스무 번이면 두 달이고, 서른 번이면 세 달이다. 한때 유혹에 못 이겨 일을 그르쳤다면 정신을 가다듬고 다시 시작하면 된다. 그러다 실패하면 또 다시 시작하면 된다.

독서도 마찬가지다. 나는 하루 한 권 읽기를 목표로 삼았지만, 책 한 권을 다 읽지 못한 날도 있고, 아예 펼쳐보지 않은 날도 있다. 심지어 책 권태기가 와서 20일 동안 책 근처에 가지 않은 날도 있다. 그러나 포기하지는 않았다. 잠시 쉬었다 간다는 생각으로 다시 시작했다. 만약 그때 에라이~ 하고 무너졌다면 지금 이 책을 쓰지 못했을 것이다.

일이 너무 많아서, 갑작스런 약속이 생겨서, 또 며칠 동안 도저히 책 읽을 기분이 아니어서 독서를 걸렀다면 내일 하면 된다. 사사로운 상황이나 감정에 휘둘리지 말자. 완벽해야 한다는 집착을 버리고, 어제보다 나은 내일의 나를 위해 나아가자. 내일도 분명 책 읽기 참 좋은 날일 것이다.

『압살롬, 압살롬』, 『음향과 분노』 등으로 노벨 문학상을 받은 미국 소설가 포크너는 이렇게 말했다.

"남들보다 더 잘하려고 고민하지 마라. 지금의 나보다 더 잘하려고 애쓰는 게 중요하다."

하루 한 권 책밥

실패할지도 모른다는 두려움
새로운 것을 위해 안정을 포기해야 할지도 모른다는 두려움
재정적으로 불안해질지도 모른다는 두려움
다른 사람들이 좋지 않게 생각할지도 모른다는 두려움
성공하면 주변 사람들과 멀어질지도 모른다는 두려움
이 중 당신에게 가장 큰 영향을 미치는 두려움은 무엇인가?
― 『사람은 무엇으로 성장하는가』(존 맥스웰 저 | 비즈니스북스) 중에서

　대학원 진학에 여러 번 실패했다는 두려움, 퇴사를 하자니 안정적인 직장을 다시는 못 가질 것 같다는 두려움, 경제적 불안에 대한 두려움, 다른 사람들의 동정 어린 시선에 대한 두려움, 책을 읽으며 이 모든 두려움이 내 안에 있다는 걸 알았다.
　작가는 말한다. 믿음은 키우고 두려움은 떨쳐버리라고. "두려움은 희망 없이 있을 수 없고, 희망은 두려움 없이 있을 수 없다"고. 그럼 내 안에 아직 희망이 있다는 얘긴가?
　두렵더라도 내 마음속 판도라의 상자를 열어보자. 더 큰 절망이 나올지, 새로운 희망이 나올지는 아무도 모르는 거다. 다시 한 번 도전해보자!

사람이 사람을 좋아하는 데에는 이유가 없다고 생각한다. 그냥 끌리니까 좋아하고 아끼는 것이다. 프로이트라면 '무의식의 작용'이라고 설명했겠지만, 그렇게 거창한 해석까지 붙이고 싶지는 않다. 그냥 좋은 점이 눈에 보이니까 좋은 거다. 책도 그렇다.

좋은 책, 필요한 책, 끌리는 책

나에게 어울리는
좋은 책이 있다

내 수준에 맞는 책이 좋은 책이다

  독서는 단순히 글자를 읽는 행위가 아니다. 머릿속으로 끊임없이 생각하고 정리하면서 내게 필요한 지식과 정보를 저장하는 복잡한 활동이다. 같은 책을 읽어도 사람마다 느끼는 바가 다른 이유는 바로 머릿속의 배경지식과 논리 회로가 다르기 때문이다. 그러므로 우리는 자신이 읽고 싶은 책이 무엇이지 정확히 파악하고, 내게 맞는 책을 골라야 한다. 그렇게 고른 책이 바로 좋은 책이다.

  사람마다 좋은 책의 기준이 다 다르지만, 책을 고를 때 공통적으로 고려하는 사항이 몇 가지 있다. 먼저 자신의 수준에 맞는 책이어야 한다. 너무 어려워서 이해하기 힘들거나 쉬워서 시시하게 느껴지는 책은 끝까지 읽기 어렵다. 다행히 어려운 인문서나 고전은 비전공자도 쉽게 이해할 수 있도록 다양한 버전의 도서가 출간되어 있다. 먼저 입문서로 시작해서 차츰 그 난이도를 높여가면 지식을 쌓는 재미가 쏠쏠할 것이다.

지은이에 대한 정보가 분명하고 널리 알려진 사람의 책일수록 사람들이 보내는 신뢰도도 높아진다. 그만큼 기본적인 품질을 보장하기 때문이다. 베스트셀러나 스테디셀러가 많은 독자들의 선택을 받는 이유도 같은 까닭이다.

고전이나 문학 작품의 경우, 가급적이면 최근에 나온 책을 고르는 게 좋다. 출간된 지 오래된 책은 시대적 흐름을 반영하지 못하는 경우가 많고, 문법이나 어휘가 달라 읽는 데에도 애로 사항이 많다. 가독성이 떨어진다는 얘기다.

이 밖에도 유명한 학자나 저자가 추천사를 쓴 책, 해외에서 권위 있는 상을 받은 책도 독자들이 주로 선택하는 좋은 책에 속한다.

내가 마음에 드는 책이 좋은 책이다

사람이 사람을 좋아하는 데에는 이유가 없다고 생각한다. 그냥 끌리니까 좋아하고 아끼는 것이다. 프로이트라면 '무의식의 작용'이라고 설명했겠지만, 그렇게 거창한 해석까지 붙이고 싶지는 않다. 그냥 좋은 점이 눈에 보이니까 좋은 거다.

　책도 그렇다. 앞서 좋은 책을 고르는 사람들의 보편적인 기준을 얘기했지만, 굳이 따를 필요는 없다. 그냥 내가 마음에 드는 책이 있다면 그 책이 좋은 거다.

　책을 좋아하는 다양한 이유를 만들어보자. 관심 있는 분야나 좋아하는 작가의 책이라면 당연히 마음에 들 확률이 높다. 표지가 예쁘다, 글씨가 눈에 잘 들어온다, 그림이 귀여워서 좋다, 가격이 착해서 좋다, 유명 연예인이 추천해서 좋다 등등 가벼운 이유로도 책을 좋아할 수 있다. 이유가 무엇이든 상관없다. 마음에 드는 부분이 생기면 일단 그 책은 내 인생에 영향을 미칠 확률이 높아진다.

　흔히 좋은 책을 고르는 101가지 방법이 있다고 말한다. 그 정도로 좋은 책을 고르는 방법이 다양하다는 뜻이다. 성실한 직장인에게는 업무 관련 서적이나 자기계발서가 도움이 될 것이고, 문학적 감수성이 풍부한 사람이라면 시나 소설 같은 문학서가 마음에 들 것이다. 미술이나 디자인에 관심이 많은 사람이라면 모양이 예쁜 책을 좋은 책이라고 생각한다.

　책을 고르기 전에 자신이 평소 어떤 분야에 관심을 보이는지 생각해보자. 그만큼 좋은 책을 만나게 될 확률이 높다.

독서 초고수는 책을 가리지 않는다

독서 초고수들은 어떤 기준으로 좋은 책을 선정할까? 사실 독서 초고수들은 좋은 책과 나쁜 책을 가리지 않는다. 그들은 '가로 독서법' 또는 'A-Z 독서법'이라 불리는 방법을 활용해 서가에 진열된 책을 무작위로 공략한다. 'A-Z 독서법'은 십진분류표에 있는 책을 순서대로 읽어나가는 방법이다. 특정한 책을 고르지 않고 십진분류표의 번호를 따라 무작위로 책을 고르는 것이다.

'A-Z 독서법'을 '가로 독서법'이라 부르는 이유는 보통 책들이 십진분류표 번호에 따라 가로로 쭉 진열되어 있기 때문이다. 도서관에 자주 가본 사람이라면 책등과 표지에 세 자리 숫자가 붙어 있는 걸 본 적이 있을 것이다. 그 숫자가 바로 십진분류법이다. 도서관에서는 사람들이 손쉽게 책을 찾을 수 있도록 분야별로 책을 정리하는데 맨 앞자리가 0으로 시작하는 책은 강연집이나 신문 같은 총류를, 1로 시작하는 책은 형이상학이나 심리학 같은 철학 서적을 의미한다.

이렇게 독서 초고수들은 도서관의 책을 순서대로 읽음으로써 한쪽으로 치우치지 않는 균형 잡힌 독서를 유지한다. 나 역시 1천 권의 책을 읽으며 'A-Z 독서법'을 시도해보지 않은 것은 아니다. 그런데 자꾸 흥미가 생기는 쪽으로 기울어 실패하고 말았다. 독서 내공이 부족했던 탓이다. 이제 1천 권을 넘어 2천 권 독서를 목표로 삼았으니 조만간 다시 시도해볼 생각이다.

'A-Z 독서법'을 넘어서는 방법으로는 '도서관을 통째로 읽는 독서법'이 있다. 미국 발명가 에디슨의 독서법으로 알려진 이 방법은 말 그대로 도서관의 책을 처음부터 끝까지 전부 읽는 것이다. 에디슨 외에도 해리 트루먼, 모택동, 빌 게이츠 등 역사에 획을 그은 사람들이 이 독서법을 실천했다고 한다.

세상에 독서 고수는 정말 많고도 많다.

한국 십진분류표

000 총류	100 철학	200 종교	300 사회과학	400 순수과학
010 도서학, 서지학 020 문헌정보학 030 백과사전 040 일반 논문집 050 일반연속 간행물 060 일반 학회, 단체, 협회, 기관 070 신문, 언론, 저널리즘 080 일반 전집, 총서 090 향토 자료	110 형이상학 120 인식론, 인간학 130 철학의 체계 140 경학 150 아시아철학, 사상 160 서양철학 170 논리학 180 심리학 190 윤리학, 도덕철학	210 비교종교학 220 불교 230 기독교 240 도교 250 천도교 260 신도 270 바라문교, 인도교 280 회교 (이슬람교) 290 기타 제종교	310 통계학 320 경제학 330 사회학, 사회문제 340 정치학 350 행정학 360 법학 370 교육학 380 풍속, 민속학 390 국방, 군사학	410 수학 420 물리학 430 화학 440 천문학 450 지학 460 광물학 470 생물과학 480 식물학 490 동물학

500 기술과학	600 예술	700 언어	800 문학	900 역사지리
510 의학 520 농업, 농학 530 공학, 공업일반 540 건축공학 550 기계공학 560 전기공학, 전자공학 570 화학공학 580 제조업 590 가정학 및 가정생활	610 건축술 620 조각 630 공예, 장식미술 640 서예 650 회화, 도화 660 사진술 670 음악 680 연극, 영화 690 오락, 운동	710 한국어 720 중국어 730 일본어 740 영어 750 독일어 760 프랑스어 770 스페인어 780 이탈리아어 790 기타 제어	810 한국문학 820 중국문학 830 일본문학 840 영미문학 850 독일문학 860 프랑스문학 870 이탈리아 문학 880 기타 제문학	910 아시아 920 유럽 930 아프리카 940 북아메리카 950 남아메리카 960 오세아니아 970 양극지방 980 지리 990 전기

직장인이라면 자기계발과 경제 경영서를 읽어라

현대인에게 자기계발은 필수다

오늘을 사는 현대인이라면 자기계발서를 읽어야 한다. 자기계발서는 작가의 직간접적인 경험과 적절한 실천법을 일상적인 언어로 전달하는 도서다. 문학이나 사회 과학 등 다른 분야의 책보다 평이한 언어로 쓰이기 때문에 이해하기도 쉽고 삶에 적용하기도 쉽다.

그런데 주변에 물어보면 이상하리만치 자기계발서를 싫어하는 사람이 있다. 그들은 이렇게 말한다.

"자기계발서는 이른바 잘나가는 사람들이 '저 이렇게 성공했어요' 하고 자랑하는 책 아닌가요?"

"책이 나한테 이래라 저래라 하는 게 싫어요. 전 충분히 잘 살고 있는걸요."

추측컨대, 이렇게 말하는 사람들은 자기계발의 필요성을 느끼면서도 실천하지 못해 괴리감을 느끼는 게 아닐까 싶다. 자기계발서를 읽으면 읽을수록 뭔가를 해야겠다는 생각은 드는데, 그러지 못하니 답답함만 쌓이는 것이다.

그래도 읽어야 한다. 다른 사람들의 열정과 노력을 보고 자극받자. 나 역시 자기계발서 저자의 독서 강연을 듣고 자극을 받아 〈1천 권 독서법〉을 시작하게 되었다. 그처럼 회사를 그만두고 2천 권의 책을 읽지는 못했지만, 그의 강연을 듣지 않았더라면 아마 1천 권의 책도 읽지 않았을 것이다.

내가 아는 어떤 이는 자기계발서를 읽고 매일 혼자 영어 공부를 해 외국인과 프리토킹할 수 있게 되었고, 어떤 이는 매일 기획서 한 장씩 쓰는 연습을 해 고속 승진하는 특혜를 누렸다. 자기계발서는 이렇게 삶에 직접적인 혜택을 제공한다.

요즘 같이 시대 흐름이 빠른 세상에서는 자기계발이 필수다. 내가 한 걸음 걸을 때 남들은 두 걸음 걷는다고 생각하면 된다. 나도 두 걸음씩 걸어야 뒤처지지 않고 맞춰 갈 수 있다. 자기계발서는 뒤처지기 싫은 사람들에게 강한 자극과 동기를 부여할 수 있는 책이다. 최소 한 달에 한 권은 자기계발서를 읽고 게을러지는 자신을 부여잡자.

자기계발서처럼 안 된다고 너무 스트레스 받을 필요는 없다. 내게 맞게 변형해서 활용하면 된다. 처음부터 잘하는 사람은 세상에 없다. 그렇다고 너무 쉽게 면죄부를 주지도 말자. 어떻게 하면 실행할 수 있을까 고민하는 순간 진정한 자기계발이 시작된다.

우리는 모두 지식 근로자다

'경제 경영서는 사장이나 고위 간부들이 읽는 책 아닌가' 하고 생각하는 직장인이 있을지도 모르겠다. 하지만 이는 큰 착각이다. 직장인도 경제 경영서를 반드시 읽어야 한다. 왜냐하면 우리는 지식 근로자이기 때문이다.

지식 근로자가 '화이트칼라'만을 의미하는 건 아니다. 세계적 구루로 손꼽히는 경영학자 톰 피터스는 지식 근로자의 전형으로 블루칼라인 51세의 호텔 청소부를 꼽았다. 그녀는 20년간 호텔 청소부로 일하면서 객실 청소와 침대 시트 갈아 끼우는 법에 대한 노하우를 익히고, 동료들에게 적극 가르쳐주었다. 이처럼 지식 근로자는 '자신의 일을 끊임없이 개선하고 혁신해서 부가 가치를 창출하며, 현장 경험을 바탕으로 지식을 생산하고 동료들에게 전파하여 조직 전체의 생산성을 극대화하는 사람'이다.

현재의 업무에만 빠져서는 발전할 수 없다. 직장인이라면 기본적으로 조직의 큰 틀을 이해하고 생산성 극대화를 위해 노력해야 한다. 경영, 마케팅, 생산 관리, 인사 관리, 재무 관리 등 경영 전반에 대한 독서가 필요한 이유다. 독서를 통해 경영 마인드를 익히면 조직이 원하는 인재로 성장하는 데 큰 도움이 된다.

자신이 (미래의) 중간 관리자라면 리더십에 대한 독서도 놓치지 않기 바란다. 리더십이야말로 시대에 따라 빠르게 변화하는 역량이다. 고전적인 '카리스마 리더십'부터 몇 년 전 유행했던 '변혁적 리더십', 배려와 상승을 중요시 여기는 '여성 리더십'까지 시대 변화가 빠르면 빠를수록 이에 걸맞은 리더의 자질도 변화하고 있다. 최근에는 부하들이 상사를 따르는 올바른 자세, '팔로워십'에 대한 책까지 심심찮게 나오고 있다. 그만큼 직장에서는 관계를 유지하는 게 힘들고 중요하다는 뜻이다.

경영 분야는 워낙 유명한 고전이 많아서 특정한 책을 추천하기 어렵다. 그래도 내가 읽었던 책 가운데 굳이 몇 권을 꼽자면 『독서경영』(박희준 외 2인 공저 | 위즈덤하우스), 『이병철 경영대전』(홍하상 저 | 바다출판사), 『경영학 콘서트』(장영재 저 | 비즈니스북스), 『경영이란 무엇인가』(조안 마크레타 저 | 김영사), 『피터 드러커의 최고의 질문』(피터 드러커 등저 | 다산북스) 등을 들 수 있다. 업무에 더 직접적으로 도움이 되는 책을 찾고 싶다면 직장 상사나 사수에게 추천받기를 권한다. 대학을 졸업한 지 한참 되었다면 전문 분야의 서적을 다시 보는 것도 괜찮다.

직장인 독서, 이것만 주의하자

직장인이 독서를 할 때 주의해야 할 부분이 있다. 먼저 근무 시간에는 책을 읽지 말자. 기획서나 보고서에 인용하기 위한 책은 어쩔 수 없지만, 개인적으로 보는 책은 반드시 업무 외 시간에 읽자. 관리자들과 경쟁자들의 시선은 생각보다 예리하다. 꼬투리를 잡혀서 직장 생활이 어려워지는 일은 없어야겠다.

업무와 상관없는 책은 가급적이면 책상 위에 꺼내놓지 않는 것도 현명한 직장 생활을 위한 방법이다. 책은 마음 상태를 보여주는 거울이다. 만약 가정생활에 대한 책을 읽으면 사람들은 '아, 이 사람 부부 생활에 문제가 있나?' 눈여겨볼 것이고, 건강에 대한 책을 읽으면 '어디 몸이 안 좋은가?' 하고 걱정할 것이다. 타 직종에 대한 책을 읽으면 이직 준비를 하는지 의심할 수도 있다. 실체가 없는 소문은 생각보다 빠르다. 괜한 구설수에 휘말려서 마음고생하는 일은 없었으면 좋겠다.

꼬리에 꼬리를 무는 독서로 경계를 허물어라

주제 위주로 깊이 읽기

　세상에 완벽한 책은 없다. 그래서 특정 분야에 관심이 생기면 그 분야에 대한 책을 여러 권 읽어봐야 한다. 이렇게 한 분야를 제대로 알기 위해 몇 권의 책을 관련지어 읽는 독서법을 '주제 독서'라고 한다. 주제 독서는 몰입하는 데 꽤 높은 수준의 집중력을 요하지만, 일단 시작하면 오랫동안 흥미를 유지할 수 있고, 기대 이상으로 깊은 지식을 얻을 수 있다는 점에서 꼭 도전해볼 만하다.

　주제 독서는 일종의 자기 주도 학습이다. 끊임없이 지적 욕구를 자극하고, 스스로 찾아 읽는다는 점에서 그렇다. 나는 관심 분야가 생기면 그 분야의 책을 최소 20권 이상 읽는다. 그래야 어느 정도 궁금증이 해결되고, 큰 틀에서 의미를 생각할 수 있다.

그렇게 같은 주제를 다룬 여러 권의 책을 읽다 보면, 어쩜 그렇게 책마다 다 다르게 만들어지는지 참 신기하다. 어떤 책은 이론 중심으로 진행되고, 어떤 책은 실무에 가까운 소식을 전달하며, 또 어떤 책은 이를 적당히 섞어놓았다. 구성 또한 모두 다르다. 어떤 책은 A-B-C-D-E 이렇게 순차적으로 진행되는가 하면, 어떤 책은 A-C-D-F-G 이렇게 변칙적으로 진행된다.

내가 처음 주제 독서를 시작한 주제는 '독서'이다. 하루 한 권 책 읽기를 시작하면서 '독서'에 대한 여러 가지 생각이 들었다. 어떤 책을 어떻게 읽어야 할지, 다 읽은 다음에는 무엇을 해야 할지, 막상 독서를 시작했지만 독서에 대해 잘 알지 못했던 것이다. 도서관을 찾아 '독서'에 대한 책을 잔뜩 빌렸다.

'독서법의 고전'이라 불리는 애들러의 『독서의 기술』, 헤르만 헤세의 『독서의 기술』, 스토리텔링으로 독서 입문 지식을 전달하는 『독서 천재가 된 홍대리』(이지성, 정회일 저 | 다산북스), 인문 고전 독서욕을 자극하는 『리딩으로 리드하라』(이지성 저 | 차이정원) 독서광들의 성공 스토리를 모아놓은 『독서불패』(김정진 저 | 자유로), 중국 고전에서 삶의 지침이 될 만한 이야기를 끄집어 엮은 『1일 1독』(김원중 저 | 민음사), 독서 자체에 인생을 바꾸는 변화의 힘이 있음을 강조하는 『인생의 차이를 만드는 독서법 본깨적』, 독서 습관 만드는 법을 다룬 『2주

에 1권 책 읽기』(윤성화 저 | 더난출판사), 쓸데없이 버리는 시간의 소중함을 깨닫게 해준 『48분 기적의 독서법』(김병완 저 | 미다스북스), 독서 장인의 모습을 보여준 『독서의 신』(마쓰오카 세이고 저 | 추수밭) 등이 내가 빌린 책들이었다.

독서를 잘하기 위해 독서법책을 읽는다는 사실이 아이러니했지만, 그래도 이 책들을 다 읽은 덕분에 내 책 읽기 습관과 앞으로 가져야 할 자세에 대해 알게 되었다. 무엇보다도 앞서 책을 읽은 선배들이 나를 응원해주는 듯한 든든함을 느꼈다.

주제 독서의 가장 큰 장점은 여러 권의 책이 내 머릿속에서 작은 책 한 권으로 정리된다는 것이다. 주제 독서는 읽으면 읽을수록 그 속도가 빨라지는데, 그만큼 공통된 부분을 덜어낼 수 있기 때문이다. 또한 잘 집필된 책일수록 비슷한 주제의 다른 책을 인용하는 경우가 많아서 내용을 반복적으로 학습하는 효과를 누릴 수 있다.

한 가지 주제를 반복해서 읽을 수 있는 인내심을 가진 사람이라면 주제 독서에 꼭 도전해보기 바란다. 그동안 모르고 살았던 자기 안의 학자 본능을 느낄 수도 있을 것이다. 나는 주제 독서를 하다가 더 이상 새로운 내용이 안 나오는 지점에서 멈추곤 한다.

작가 위주로 넓게 읽기

좋아하는 연예인이 생기면 그가 나오는 모든 작품을 찾아보듯, 마음에 드는 작가가 생기면 그 작가가 쓴 작품을 모두 찾아보는 방법이 '작가 독서'이다.

작가 중심 독서의 장점은 작가가 속한 사회·문화적 배경을 작품을 통해 이해할 수 있고, 작가가 가진 사상과 철학을 공유할 수 있다는 점이다. 또한 작가 특유의 어법과 문체를 꿰뚫어 봄으로써 안목을 가진 독자로 거듭날 수도 있다.

나는 경영학의 아버지라 불리는 피커 드러커의 『자기 경영 노트』를 읽고 큰 감동을 받아 『비영리 단체의 경영』, 『프로페셔널의 조건』, 『성공하는 리더의 8가지 덕목』 등을 모두 찾아 읽었다. 워낙 유명한 사람인만큼 그의 사상을 쉽게 풀이한 책도 많았지만, 가급적이면 목소리를 생생하게 느끼고 싶어 직접 쓴 책 위주로 읽었다.

알랭 드 보통도 내가 좋아하는 작가 중 한 명이다. 사실 나는 문학에 흥미를 느끼는 사람이 아니었다. 그런데 『왜 나는 너를 사랑하는가』라는 제목에 끌려 책을 읽고 나서는 그의 팬이 되고 말았다. 그가 보여주는 섬세한 표현법에 홀딱 반해버리고 만 것이다. 그 뒤 『사랑의 기초 한 남자』, 『우리는 사랑일까』, 『인생 학교』 등을 모두 읽고는 주변에 추천하기도 했다.

어린 시절 아메리칸 인디언에 대한 책을 읽고는 평생 비교신화

학자의 인생을 살게 된 조지프 캠벨은 제자들에게 이렇게 말했다.

"진정 가치가 있는 메시지를 담은 책의 저자를 찾으면, 그 저자가 쓴 다른 책을 모두 찾아 읽게나. 여기저기 단편적으로 읽는 독서보다 이런 독서 방식으로부터 더 많은 지식과 지혜를 얻을 수 있다네."

자, 지금부터 자신이 진짜 좋아하는 작가가 누구인지 생각해보고, 도서관이나 서점을 방문해 그가 만든 세계와 조우해보자.

독서 스펙트럼을 넓혀라

1+1로 다음 책을 정한다

책을 읽다 보면 재미있는 공통점을 하나 발견할 수 있다. 책 속에 또 다른 책이 등장한다는 사실이다. 얼핏 보기에 한 권의 책은 저자 한 명이 공들여 완성한 산물 같지만, 실은 그렇지 않다. 대부분 저자는 완성도 높은 글을 쓰기 위해 다른 책을 참고한다. 그리고 그 흔적을 자신의 책에 남긴다.

나는 그런 책을 좋아한다. 특히 지금 읽고 있는 책이 좋을 경우, 저자가 따로 추천을 하지 않더라도 그 책을 구해 본다. 좋은 책을 쓴 저자가 읽은 책은 아무래도 좋은 책일 가능성이 높고, 분야 또한 비슷해서 자연스레 주제 독서를 할 수 있기 때문이다.

우리나라 사람들이 가장 좋아하는 마케팅 가운데 하나가 물건을 사면 한 개 더 챙겨주는 '1+1'이라고 한다. 책도 1+1이라고 생각하고, 그 안에 인용된 다른 책을 사서 읽어보자.

베스트셀러보다 스테디셀러를 선택한다

다독가라는 사실이 알려지면서 가장 많이 받는 질문 가운데 하나가 특정 베스트셀러를 읽어봤냐는 것이다. 그런데 사실 나는 베스트셀러를 찾아 읽지 않는다. 그래서 아니라고 답할 때가 많다. 그러면 사람들은 '이 사람 대체 무슨 책을 읽는 거야?' 하는 눈으로 쳐다본다.

사람들은 책을 고를 때 널리 알려진 책, 사람들에게 인기를 끄는 책 위주로 선정하는 경향이 있다. 나 역시 베스트셀러를 구입할 때가 있지만, 다른 사람들이 높이 평가한다고 해서 무조건 좋게 보지는 않는다. 오히려 사람들이 왜 이 책을 좋아하는지 더 엄격한 눈으로 살펴본다.

오랜 경험으로 보건대 베스트셀러가 좋은 책으로 이어질 확률은 50% 정도다. 좋은 책이야 당연히 베스트셀러가 될 자격이 있지만, 그렇지 않은 책인데도 판매 순위가 높은 경우엔 출판사의 마케팅을 의심해봐야 한다. 책 소개와 내용이 크게 다른 경우, 제목이 필요 이상으로 자극적인 책은 책이라기보다 하나의 상품에 가깝다. 책이라고 해서 무조건 좋을 거라는 편견은 버리는 게 좋다.

이런 까닭에 나는 주로 베스트셀러보다 스테디셀러를 선택한다. 오랜 세월 독자들의 선택을 받아온 책들은 기본적으로 내용이 탄탄하다. 그리고 실제 삶에 적용할 만한 가치를 내포하고 있다. 여러분도 화려하고 자극적인 책보다 수수히면서도 꾸준한 책을 먼저 골라 읽기를 권한다.

학창 시절 필독서는 검증된 책이다

학창 시절 교과서에서 보았던 필독서들이 생각나는가? 그런 책들은 대부분 오늘날 우리가 '고전classic'이라 말하는 것들이다. 고전은 주로 시대를 초월하여 높이 평가되는 문학 예술 작품이나 명작을 뜻하며, 베스트셀러가 곧 베스트북은 아니라는 사실을 알려주는 용어이다.

개인적으로 학창 시절 필독서를 다시 읽어야겠다고 다짐하게 만든 책이 있다. 윤동주 시인의 『하늘과 바람과 별과 시』이다. 학창 시절 배웠던 윤동주 시인은 '20대에 요절한 시인이자 독립운동가로서 「서시」, 「별 헤는 밤」 등의 유명 작품을 남겼으며, 고향에 대한 그리움과 죽음에 대한 강박 관념, 실존적인 결단 의지가 깃든 시를 쓴 사람'

이었다.

그런데 내 나이 서른 중반을 넘기고 다시 읽어보니, 한때 점수를 얻기 위해 달달 외웠던 그 시들이 새롭게 보이기 시작했다. 그동안 겪었던 개인적인 아픔과 상처들이 시 속에서 구체적인 형태로 나타났고, 시인의 고뇌가 마치 내 이야기인 것처럼 생생하게 느껴졌다. 삶에 내재된 실존적 한계와 이를 뛰어넘지 못하는 무력함, 무너져가는 조국을 바라보는 처참함이 절절하게 다가왔다. 윤동주 시인의 시는 바로 내가 하고 싶은 말이었다.

그 뒤 삶이 무겁게 다가올 때마다 학창 시절 교과서에서 보았던 필독서들을 찾아보았다. 『아Q정전』, 『님의 침묵』 등 졸업한 뒤로는 아예 잊고 지내던 작품들을 찾아보는 재미가 쏠쏠했다. 그리고 그 작품들이 왜 고전으로 불리는지 이해할 수 있었다.

어린 학생을 자녀로 둔 부모라면 요즘 교과서에 나오는 고전이 무엇인지 살펴보고, 아이와 함께 읽어보자. 부모가 된 당신에게는 조곤조곤한 위로를, 앞으로 미래가 될 아이들에게는 지식과 마음을 살찌우는 양식이 될 것이다.

동화책도 책이고, 만화책도 책이다

동화책이나 만화책은 애들이나 보는 질 낮은 책이라고 생각하는 사람이 많다. 동화작가와 만화가들이 들으면 무척 섭섭해할만한 얘기다. 동화책이나 만화책도 모두 소중한 가치를 담고 있는 책임에 틀림없다.

원래 동화는 어른들을 위한 이야기다. 동화는 오랜 세월 쌓여온 인류 문화와 삶의 주름이 쉬우면서도 간결한 형식으로 축약된 글이나. 온 세대가 함께 공유할 수 있도록 쉬운 말로 쓰인 까닭에 그 안에는 오히려 어른들도 이해하기 힘든 상징과 알레고리가 가득하다.

당장 우리 전래 동화를 봐도 그렇다. 권선징악이나 효행을 강조하는 이야기들은 유교 사상에 대한 지식 없이는 이해하기 힘들다. 용왕이나 산신이 등장하는 이야기는 신화적 배경을 알지 못하면 그저 그런 허무맹랑한 상상력에 불과할 뿐이다. 즉 우리가 동화를 가볍게 읽는 건 그만큼 동화를 잘 알지 못하기 때문이다. 유명한 안데르센 동화 역시 원래 어른용 책인데 아동용으로 둔갑한 것뿐이다.

두꺼운 책 읽기에 부담을 가지는 사람이라면 동화책부터 읽어보는 건 어떨까? 글씨가 적고 어휘도 쉬워서 부담 없이 한 권을 독파할 수 있다. 그 안에 스민 삶의 흔적을 발견할 수 있다면 웬만한 에세이나 문학 작품을 읽는 것 이상의 효과를 볼 수 있다. 자녀와 함께 읽는다면 그 의미는 배가 될 것이다.

만화책도 좋은 책이다. 요즘 만화는 그냥 웃기는 데에서 끝나지 않는다. 만화를 원작으로 삼아 소설도 쓰고, 영화도 만들고, 드라마도 제작하는 시대다. 현실보다 더 현실 같은 만화를 보고 있자면 나와, 내 이웃과, 이 세상을 압축해놓은 듯한 느낌에 소름이 돋는다.

　어떤 만화책을 봐야할지 모르겠다면 포털 사이트에서 '영화 원작 만화', '드라마 원작 만화'를 검색해보자. 재미와 의미가 동시에 보장되는 작품들이 주로 뜬다. 하지만 만화책에서 독서가 멈추면 안 된다. 만화는 본격적인 독서를 하기 전에 준비하는 단계, 잠시 쉬어가는 단계 정도로만 인식하자.

　e-book으로 책을 읽어봤는지 모르겠다. 종이의 질감을 좋아하는 사람에게는 익숙지 않겠지만, 최근에는 e-book으로 책을 보는 사람이 많이 늘었다. e-book의 가장 큰 장점은 가격이 저렴하고 책꽂아둘 공간을 걱정하지 않아도 된다는 사실이다. 특히 워크북 같은 책은 아이들 학습을 위한 도구로 인기가 좋다. 웹소설이나 만화는 e-book으로만 구매 가능한 경우가 있으니, 정신적으로나 물리적으로나 가벼운 독서를 원하는 사람이라면 e-book을 활용해보자. 이렇게 독서 스펙트럼을 넓히다 보면 어느새 나도 모르게 다양한 분야의 책을 섭렵하는 다독가가 되어 있지 않을까.

가만 둘러보면 책은 늘 우리 주변에 존재한다. 하얀 종이 위에 검은 글씨로 쓰인 것만 책이 되는 건 아니다. 가장 대표적인 예가 연극이나 드라마 같은 극(劇) 형식의 예술이다. 연극, 영화, 드라마, 뮤지컬 등은 모두 작가의 상상력이 깃든 텍스트를 바탕으로 만들어진다.

5부

1천 권 독서법

독서 능률
두 배로 끌어올리기

선물은 독서인을
춤추게 한다

여전히 책을 읽고 싶지 않을 때가 있다

아무것도 하고 싶지 않을 때가 있다. 소위 말하는 권태기다. 원래는 부부가 권태를 느끼는 시간을 얘기하지만, 요즘에는 의욕 저하를 가리키는 말로도 쓰이고 있다.

독서에도 권태기가 있다. 전문 용어로 '독서 권태기' 또는 '책 권태기'라고 부르는데, '책 읽기에 대한 의욕이 시들해져서 생기는 게으름이나 싫증'을 뜻한다. 물론 내가 만든 말이다.

3년 10개월 동안 1천 권의 책을 읽었다. 오랫동안 책을 읽은 덕분에 이제는 책 읽기가 쉽다면 거짓말이다. 여전히 책 읽기 싫을 때가 있다. 그래도 책을 읽는다. 수단과 방법을 가리지 않고 어떻게든 동기를 부여해서 다시 책을 펼친다. 이게 프로와 아마추어의 차이다.

의지가 강하다고 해서 독서 권태기를 극복할 수 있는 건 아니다. 나는 1천 권의 독서를 읽기 위해 수많은 동기 부여 방법을 시도해보았다. 개중 가장 효과가 좋았던 것들을 여기에서 소개하고자 한다.

철저하게 객관적으로 평가하라

학창 시절에는 평가를 받는 게 정말 싫었다. 시험 준비에 밤을 꼴딱 지새우는 것도 싫었고, 부모님께 혼날까봐 성적표를 받아들고 안절부절못하는 것도 싫었다. 그런데 어른이 되고 나니 어느 순간 스스로 평가를 받기 위해 뛰어들고 있었다. 그만큼 평가는 객관적으로 나를 평가하고 채찍질하는 좋은 동기 부여 수단이다.

직장에서 주 단위, 월 단위, 분기 단위, 반년 단위, 년 단위로 평가를 하듯 독서 활동도 평가를 하자. 나는 매일 업무 일지를 쓰듯 책을 읽고 기록한다. 어떤 분야의 책을 얼마나 읽었는지 꼼꼼히 기록한다. 그 기록이 쌓여 한 달이 되고, 1년이 되고, 100권이 되면 내가 얼마나 목표에 근접했는지 객관적으로 확인할 수 있다.

여기서 그치면 제대로 된 평가가 아니다. 데이터를 바탕으로 향후 독서 방향을 잡고, 어떤 점을 개선할 것인지 기록해야 한다. 그리고 한 달이나 1년이 지난 후, 혹은 200권의 책을 읽고 난 후 비교하며 스스로에게 점수를 주어야 한다. 이렇게 하다 보면 어느새 체계적인 독서인으로 다시 태어난 자신을 발견할 수 있을 것이다.

인센티브는 확실하게 지급하라

앞에서 아이의 독서 습관을 만들기 위해 활용했던 '보상하기'는 사실 나를 위한 것이었다. 〈1천 권 독서법〉을 시작한 뒤 책 읽기가 힘들다고 느껴질 때마다 버티기 위해 생각한 방법이 '스스로에게 보상하기'였다. 전안나가 전안나에게 인센티브를 지급하는 것이다.

아이는 10권을 읽을 때마다 인형이나 사탕 등으로 보상했지만, 나는 100권을 읽을 때마다 10만 원씩 비싼 선물을 주기로 했다. 적은 금액이 아니었지만, 나를 위해서는 충분히 그럴 가치가 있다고 생각했다. 처음 100권을 읽었을 때에는 10만 원 상당의 고급 가죽 다이어리를 사고, 200권을 읽은 뒤에는 20만 원대 런닝화를 구입하며, 300권을 읽은 뒤에는 30만 원어치 여행을 가는 식이었.

이렇게 표로 만들어놓고 보니 조금 비싸다는 느낌을 지울 수 없지만, 잘 생각해보면 나는 3년 10개월 동안 고작 10번 선물을 받았을 뿐이다. 남편과 아이들을 위해, 직장을 위해 헌신한 대가치고는 오히려 약소하게 느껴지지 않는가.

단순하지만 이 방법은 의외로 효과가 좋다. 선물을 받을 때가 다가오면 더 열심히 책을 읽는 내 모습을 발견할 수 있다. 여러분도 1천 권을 읽는다 생각하고 아래 빈칸에 받고 싶은 선물을 써보기 바란다.

독서 목표 달성 현황에 따른 선물 지급 목록			
독서 목표량	달성 시기	전안나의 선물	여러분이 받고 싶은 선물
100권	4개월차	가죽 다이어리	
200권	7개월차	런닝화	
300권	10개월차	여행	
400권	15개월차	여행	
500권	20개월차	옷	
600권	29개월차	여행	
700권	33개월차	가방	
800권	38개월차	노트북	
900권	42개월차	가방	
1,000권	46개월차	여행	

현실 가능한 목표로 리셋하라

하루 한 권 독서가 부담스럽고, 어느 순간 책 읽기가 죽을 정도로 싫다면 목표를 수정하자. 스트레스 받는 독서는 좋은 독서가 아니다.

독서 목표를 수정해야 하는 상황은 언제든 생길 수 있다. 직장이 바뀌거나 일이 바빠졌을 때, 집안에 일이 생겨 삶의 패턴이 바뀌었을 때 가장 먼저 부담으로 다가오는 게 책 읽는 시간이다.

나 역시 대학원을 다니면서 하루 한 권 독서에 부담을 느꼈다. 통학 시간과 강의 중 비는 시간을 이용해 열심히 책을 읽었지만, 그 효율성은 집에 있을 때보다 현저히 떨어졌다. 결국 '하루 한 권 책 읽기'라는 마음가짐은 유지하되, 주 2회 정도는 꼭 지키지 않아도 되는 것으로 계획을 수정했다. 그러자 마음이 편해져서 책 읽기가 한결 수월해졌다. 오히려 이틀의 시간을 벌었다는 생각에 더욱 열심히 읽게 되었다.

그러나 돌이켜보면 나는 사실 운이 좋은 편이었다. 내가 처음 책을 읽기 시작한 이유는 '이러다 정말 죽을 것 같았기 때문'이었고, 대학원에 진학한 이유도 '자존감을 회복하기 위해서'였다. 그만큼 삶에 대한 절박함이 컸기 때문에 계획을 수정했음에도 목표를 달성할 수 있었다.

목표와 계획을 변경하기 전에 자신이 얼마나 독서에 절박한지 생각해보자. 해도 그만, 안 해도 그만이라면 목표를 아무리 쉽게 잡아도 달성할 수 없다. 나 스스로 절박한 이유를 꼭 찾아야 한다. 그래야 중간에 어떤 변수가 생겨도 포기하지 않고 목표에 다다를 수 있다.

잘 쉬는 것도 능력이다

독서를 포기하라는 얘기가 아니다. 책을 펼쳤는데 외국어가 너무 많거나, 어휘가 너무 어렵거나, 번역이 엉망이라면 과감히 책을 덮자. 활자가 작아서 눈이 아프거나, 기대했던 바에 미치지 못하는 책도 과감히 덮자. 독서 의욕을 떨어뜨리는 책은 과감히 포기하는 것도 능력이다.

나도 순수 과학책과 전문 분야책, 800쪽짜리 철학책 등을 6개월에 걸쳐 조금씩 읽다가 결국 포기하고 가장 높은 곳에 꽂아두었다. 그래도 된다. 대신 그 시간에 다른 책을 더 열심히 읽으면 된다.

오랜 기간 책이 안 읽힌다면 아예 '독서 안식월'로 정하자. 강박에 시달리면 쉬어도 쉬는 게 아니다. 마음이 무거워서 놀아도 즐겁지가 않다. 그러니 이럴 땐 아예 안식월이라 생각하고 머릿속에서 책을 깔끔히 지우자. 다만 휴가 기간은 정확히 정해둬야 한다. 잠깐 쉬면 휴가지만, 계속 쉬면 백수다.

독서는 계속 되어야 한다.

책과 함께하면
일상이 풍성해진다

영화만큼 재미있는 원작 찾아보기

　가만 둘러보면 책은 늘 우리 주변에 존재한다. 하얀 종이 위에 검은 글씨로 쓰인 것만 책이 되는 건 아니다. 가장 대표적인 예가 연극이나 드라마 같은 극(劇) 형식의 예술이다. 연극, 영화, 드라마, 뮤지컬 등은 모두 작가의 상상력이 깃든 텍스트를 바탕으로 만들어진다.
　잘 만들어진 영화나 드라마 중에는 원작을 따로 표시한 경우가 종종 있는데, 그 원작을 찾아 읽으면 색다른 독서를 즐길 수 있다. 예를 들어 2014년 상영한 임권택 감독의 영화 「화장」은 2004년 이상문학상을 수상한 김훈 작가의 단편 소설 「화장」을 원작으로 삼은 작품이다. 사실 나도 처음엔 이 영화의 원작이 소설이라는 사실을 몰랐다. 영화를 본 뒤 '임권택 감독은 어쩜 저렇게 인간의 욕망과 인물들 사이의 미묘한 감정선을 잘 표현했을까' 감탄했는데, 원작을 읽고 난 뒤에는 김훈 작가의 필력에 고개가 절로 끄덕여졌다.

이런 얘기를 하다 보면 원작을 먼저 읽는 게 좋은지, 아니면 2차 저작물을 먼저 보는 게 좋은지 물어보는 이들이 있다. 결론은 '상관없다'이다. 어떤 방법이든 다양한 스토리의 힘을 느낄 수 있기 때문이다.

원작을 먼저 읽으면 마음껏 상상력을 발휘한 뒤, 감독이나 연출자의 작품과 비교해보는 기쁨을 누릴 수 있다. 만약 나라면 이 부분을 다르게 연출했을 텐데, 하고 비평하면서 극을 능동적으로 해석할 수도 있다. 고전으로 알려진 문학 작품들은 대부분 영화나 드라마로 제작되어 있으니 누구나 조금만 인터넷을 검색하면 쉽게 영상을 구할 수 있다.

2차 저작물을 먼저 본 뒤 책을 읽으면 영상물의 감동을 두고두고 곱씹을 수 있다. 오래 전 영국 여행을 갔다가 '오페라의 유령' 뮤지컬을 보았다. 내용과 무대 설치도 인상적이었지만, 음악이 너무 좋아서 한국에 돌아와 당장 OST 음반을 구매했다. 그 뒤 소설 원작이 있음을 알게 되어 찾아 읽었는데, 현지에서 보았던 감동이 되살아나는 것을 느낄 수 있었다.

얼마 전에는 무심코 텔레비전을 틀었다가 팀 버튼 감독의 영화

「이상한 나라의 앨리스」를 재밌게 보았다. 그래서 기왕 영화를 본 김에 루이스 캐럴의 원작을 다시 읽어보기로 했다. 내친 김에 『거울 나라의 앨리스』까지 다 읽었는데, 과연 어릴 때 읽었던 동화와 성인이 되어 읽은 원작의 느낌은 달라도 너무 달랐다.

이렇게 우리 주변에는 책을 기반으로 한 2차 저작물들이 즐비하다. 독서를 통해 인생의 활력을 찾고 싶다면 굳이 서점이 아니라 극장이나 영화관을 가도 좋다. 단, 그 효과를 극대화하기 위해서는 원작도 반드시 읽어야 한다는 사실을 잊지 않도록 하자.

책으로 배워서 더 잘한다

열심히 노력하는 데도 연애를 못하는 사람을 보며 우리는 이렇게 놀린다.

"저 친구는 연애를 책으로 배워서 그래."

하지만 이는 틀린 말이다. 정말 책으로 연애를 배웠다면 그는 진작 연애를 하고도 남았을 것이다. 그만큼 책에는 실생활에 유용한 정보가 가득하다. 현재 처한 문제를 독서 활동과 연결시켜 해결해보자.

나는 둘째를 임신하고 출산하는 과정에서 예상치 못한 어려움을 겪었다. 임신성 당뇨 증세가 있어서 임신 기간 내내 식단을 관리해야 했고, 아이를 이미 한 번 낳았음에도 출산 과정에 대한 두려움을 떨치지 못하는 불안 증세를 보였다. 갑자기 예상치 못한 일이 생겨서 엄마나 아이가 잘못되면 어떡하지, 하는 노파심에 잠을 제대로 이루지 못했다. 그때 책이 내 마음을 달래주었다.

임신성 당뇨의 증상이 무엇이고, 안전한 출산을 위해서 어떻게 몸 관리를 해야 하는지, 출산이 임박했을 때 어떤 징후가 나타나는지, 급작스런 상황이 발생했을 때 어떻게 대처하면 좋은지 책을 통해 알게 되자 차츰 마음이 안정되는 걸 느꼈다. 첫째를 출산할 때에는 병원에 입원해 있으면서도 마음이 불안했는데, 둘째 때에는 만삭의 배를 끌어안고도 편안한 마음으로 집에 있었다. 결국 집에서 양수가 터져 병원으로 급히 이동했는데, 책에서 배운 대로 응급조치를 취해 별다른 위기 없이 아기를 낳을 수 있었다.

지난해 갑자기 치솟은 남편의 당뇨 수치도 책으로 배운 방법으로 다스려 치료했다. 당뇨에 관한 책을 여러 권 읽고 다양하게 실험한 결과, 남편에게 가장 잘 맞는 식이 요법을 찾아 적용할 수 있었다. 현재 남편은 여느 때보다도 건강한 몸 상태를 유지하고 있다.

내가 겪은 경험은 단적인 예일 뿐이다. 겉으로 드러나지는 않으나, 책이 현실에 미치는 영향력은 더욱 강력하다. 어릴 때부터의 기억이 쌓여 오늘의 나를 만들 듯, 매일 읽는 한 권의 책이 쌓이고 쌓여 10년 후의 나를 만들 것이다. 나는 책으로 일상을 채워가고 있다.

책으로 놀고 먹는 즐거움

흔히 책만 읽는 사람을 책벌레라고 한다. 그만큼 책을 많이 읽는다는 뜻도 있지만, 썩 좋은 의미에서 쓰이는 말은 아니다. 책벌레가 되고 싶지 않다면 책에서 얻은 정보를 노는 데에도 적극 활용해보자.

먼저 관심 있게 읽은 분야의 책이 무엇인지 떠올리고 따라 해보자. 사소한 실용 분야일수록 좋다. 예를 들어 셀프 인테리어에 관한 책을 읽었다면 철물점에 가서 페인트를 사다 벽에 칠해보자. 텃밭 가꾸기에 관한 책을 읽었다면 베란다에 텃밭을 만들고, 요리책을 읽었다면 냉장고를 뒤져 음식을 만들어보자. 등산 관련 서적을 읽은 사람은 당장 산으로 주말여행을 떠나야 한다. 여행책을 읽은 사람은 비행기표부터 예매하고 계획을 짜는 게 정신 건강에 좋다. 물론 나는 이미 다 해보았다.

특히 올해 초 다녀온 유럽 배낭여행은 내 인생 최고의 행복 가운데 하나였다. 여행책에서 본 풍경과 사람들이 눈앞에 펼쳐지는 순간의 그 기쁨은 경험해보지 않은 사람은 절대 모른다. 책을 통해 이미 그 나라의 역사와 문화를 꿰뚫었기 때문에 여행을 통해 얻는 기쁨도 두 배로 누릴 수 있다. 여행지에 가서 현지 책을 구매하는 것도 독서 애호가로서 즐거운 일이다. 지금도 책장에 꽂혀 있는 반 고흐 도록을 보면 그때의 설렘과 기쁨이 생생하게 되살아난다.

독서 관련 행사에 참석해보는 것도 괜찮은 문화적 경험이다. 출판사나 서점이 진행하는 저자 강연회에 가면 책에선 배울 수 없는 알짜 정보를 잔뜩 얻을 수 있다. 예쁘고 재미있는 동네 책방에 가서 데이트를 해도 좋고, 소문난 도서관을 찾아가 보는 것도 좋다. 홍대나 파주출판단지 쪽에서는 다양한 이벤트가 자주 열리니 미리 알아보고 방문하자.

함께 읽고, 말하고, 공유하라

직장 동료의 속마음 들어보기

혼자 가는 길은 외롭다. 어차피 걷는 길이라면 함께 걸어야 덜 힘들게 오래 갈 수 있다.

책 읽기가 조금씩 지치는 사람이라면 함께 읽는 법을 배워보자. 내가 생각지 못했던 것들을 발견할 수 있다. 혼자서 책을 읽다 보면 자신만의 생각에 갇히기 쉽다. 토론은 서로의 생각을 나눌 수 있는 세련된 방법 가운데 하나다.

현대 직장인들은 집에서 보내는 시간보다 회사에서 보내는 시간이 더 많다. 가까이 지내는 사람들과 함께 독서 모임을 만들어보자. 내가 다니는 회사에서는 한 달에 한 권씩 필독서를 읽고 소그룹을

나누어 적극적인 토론을 펼친다. 다음은 『내 인생에게 묻고 싶은 한 가지』(켄 콜먼 저 | 홍익출판사)라는 책을 읽고 직장 동료들과 나눈 이야기 가운데 인상 깊었던 구절을 간략히 정리한 것이다.

동료 A (50대 남자 부장)

책의 내용 중 '하고 싶은 것'에 대해 생각을 많이 함. 그동안 하고 싶은 것과 잘하는 것을 서로 다르게 생각했는데, 실은 내가 하고 싶은 일을 하기 위해 하기 싫은 일을 적당히 타협하면서 해왔다는 사실을 인식하게 되었음.

동료 B (30대 여자 팀장)

나도 책에 나오는 사람처럼 이런 답을 해줄 수 있을까 생각함. 특히 '나는 왜 이 일을 하는가?' 부분에서 성과만 중시했던 나 자신을 되돌아봄. 앞으로 내 비전과 능력을 점검하고, 조언을 수용하며, 왜 이 일을 하는지 자문하는 사람이 되어야겠다고 다짐함. 건강 관리도 게을리하지 않겠음.

동료 C (40대 여자 주임)

'공정하게 대했지만, 공평하게 대하지는 않았다'는 농구 감독 사례가 인상적임. 예전이었다면 이해하기 어려웠겠지만, 최근 팀원들을 이끌면서 어느 정도 이해할 수 있게 되었음. 위기에 맞서는 사람과 도망가는 사람 중에 나의 위치를 꼽자면 도망가는 쪽에 속함. 어릴 땐 자신감이 넘치고 목적의식이 분명했는데, 대학교 입학 후부터는 그냥 파도에 몸을 맡기고 살았음. 앞으로는 위기에 맞서는 사람이 되기 위해서라도 의도적으로 살아야겠다고 결심함.

동료 D(40대 여자 직원)

'리더에게 리더십이라는 것은 본인이 스스로 내가 리더라고 권위만 앞세우기보단, 주변에서 리더로 인정해야 하는 것이다'라는 구절이 인상적이었음. 나도 리더에 따라 기분이 좌우지되는 경험을 함. 리더는 다른 사람을 소중하게 여기면서 인정을 구해야 하는 자리. 결국 모든 일의 핵심은 인간관계라고 생각됨.

동료 E(30대 여자 과장)

성공한 이들은 자신을 향한 질문을 멈추지 않는 사람들이라는 사실을 알게 됨. 스스로에게 묻고 싶은 질문은 무엇일까를 생각해봄. '너 지금 열심히 살고 있니? 행복하니?' 내가 선택한 이 삶에 대해 근본적인 질문을 던져봄.

미리 같은 책을 읽었다고 말하지 않았다면, 서로 다른 책에 대해 이야기한다고 생각했을지도 모른다. 그만큼 사람마다 보고 느끼는 부분이 다르다. 이처럼 책을 읽은 뒤 서로의 의견을 나누면, 내가 보지 못했던 부분을 볼 수 있을 뿐만 아니라, 다른 사람이 어떤 생각을 가지고 있는지 확인할 수 있다. 특히 소통이 중요한 직장 동료 사이에서는 마음에 담아두었던 말을 은근슬쩍 전하는 기회가 될 수도 있을 것이다.

가족이 함께 머리를 맞대기

남편은 책을 좋아하지 않는다. 내가 거실에서 책을 읽고 있으면 스윽 보고는 방으로 들어가버린다. 아무리 재미있는 책을 추천해줘도 시큰둥하다. 그런데 그런 남편이 눈을 반짝이며 달려드는 이야기가 있다. 남들은 집안에서 절대 하지 않는다는 바로 그 '정치 이야기'다.

남편과 정치 이야기를 한다고 하면 다른 사람들은 제정신이냐며 나를 뜯어말린다. 하지만 다행히 우리 부부는 단 한 번도 싸운 적이 없다. 둘 다 상대방 말을 잘 들어주는 타입이어서 큰소리 오갈 일도 없고, 논리를 중요시 여겨서 객관적인 지표가 있으면 어느 정도 합의가 된다.

무엇보다도 이 방법은 남편이 책을 읽게 하는 데 큰 효과가 있다. 이야기를 나누다 보면 내가 책에 수록된 내용을 근거로 삼는 경우가 있는데, 이런 책은 남편도 곧잘 흥미를 가지고 읽는다.

대학원에서 타전공 수업을 들을 때의 일이었다. 수업 과제로 '이상적인 자유 민주주의 국가를 구성하시오'라는 주제의 보고서를 작성해야 했다. 그런데 나는 평소 정치에 대한 감각이 부족했던 터라 도저히 무슨 얘기를 써야할지 감이 오질 않았다. 결국 남편에게 SOS를 청했다.

남편과 나는 책을 읽고 오랜 시간 대화를 나눴다. 입법부·행정

부·사법부의 역할 및 구성, 선거 방법의 종류와 장단점, 정치 선진국이라 불리는 북유럽 국가들의 정치 모델까지 폭넓은 이야기를 나누며 나는 정치적 식견을 확대시킬 수 있었다. 그렇게 남편과의 토론을 거친 뒤 작성한 보고서는 타전공자임에도 A 학점을 받았다.

가족이 함께 책을 읽고 토론하는 것은 좋은 가풍이 될 수 있다. 아직 우리집에서는 정치 분야의 책만 인기를 끌고 있지만, 언젠가는 아이들과 함께 모든 분야의 책을 같이 읽을 수 있을 거라 기대한다.

모르는 사람과 토론하기

인터넷에 검색해보면 독서 토론을 나눌 수 있는 모임이 상당히 많다. 특정 분야에 관심을 가진 사람들끼리 모이기도 하고, 가까운 곳에 사는 사람들끼리 만나기도 한다. 자발적 책 읽기가 어려운 사람이라면 독서 토론 모임에 참석해보자. 읽어야 할 책이 정해지면 평소보다 무거운 사명감을 갖고 독서에 임할 수 있다.

독서 토론 모임을 고를 때에는 주로 어떤 분야의 책을 읽는지 확인하고, 참여 인원이 20명 이하인 곳을 선택하자. 참여 인원이 너무 많으면 분위기가 산만하고 발표 시간이 짧아 충분한 토론 효과를 보기 어렵다. 그리고 가능하다면 독서 고수가 한 명 정도는 속해 있는 모임을 고르는 게 좋다. 그를 통해 동기 부여를 할 수 있고, 좋은 책을 읽을 확률도 높아진다.

독서 토론 모임에 재미를 붙이면 1박 2일 독서 캠프를 가기도 한다. 온 식구가 함께 읽을 책을 쌓아들고 참여하는 모습도 본 적이 있다. 꽤 다양한 컨셉과 규모의 독서 캠프가 곳곳에 존재하니 어렵게 생각하지 말고 연락해보자.

처음 보는 사람들 앞에서 말하는 게 부담스러운 사람은 책만 읽는 모임에 출석하자. 약속된 장소에 모여 서로 얘기는 하지 않고 2~3시간 동안 각자 챙겨온 책을 읽는 모임도 은근히 많다. 이마저도 부담스럽다면 직접 친한 지인들을 모아 토론 모임을 만들면 된다. 퇴근 후 1시간 정도 책에 대한 이야기를 나누고 맛있는 음식을 먹는 식으로 스트레스를 풀어도 좋다.

도서관 프로그램 이용하기

도서관에서는 책을 빌려줄 뿐만 아니라 다양한 도서 연계 프로그램도 운영하고 있다. 책에 대한 흥미를 유발하고 독서 의욕을 자극하기 위한 독서 골든벨, 학력 신장을 목적으로 하는 독서 퀴즈 대회, 독서를 통해 직면한 문제를 고민하고 해결하는 독서 치료, 주민들에게 다양한 문화생활을 제공하기 위한 북콘서트 등이 규모와 장소를 가리지 않고 활발하게 실시되고 있다.

도서관에 따라서는 직접 유명 강사를 초청해 주민 교육을 실시하는 인문 고전 아카데미나 독서 토론을 체계적으로 배울 수 있는 프로그램을 운영하는 곳도 있다. 국가에서 운영하는 도서관인만큼 무료이거나 가격도 저렴하니 내일은 퇴근길에 집 근처 도서관을 들러보기 바란다.

사치스러운 독서를 즐겨라

싫증 나면 바꿔 읽는 사치 독서

발명가 에디슨은 종종 찾아오는 연구 권태기를 극복하기 위해 여러 개의 일을 동시에 진행했다.

"나는 어떤 일에 대해 내가 생각하고 싶은 만큼만 생각한다. 그 일에 흥미를 잃으면 다른 일을 시도한다. 항상 여섯 개 내지는 여덟 개의 작업을 동시에 진행하면서, 내키는 일에 매달린다. 만약 어떤 일에 착수했는데 희망이 보이지 않으면 그 일은 제쳐두고 다른 일로 넘어간다. 그러면 원래 내가 알고자 했던 아이디어가 떠오른다. 그러면 또 나는 막 시작한 다른 일을 그만두고 원래의 일로 돌아가 마무리한다."

대한민국 직장인이라면 에디슨처럼 여섯 개까지는 아니더라도 여러 개 일을 동시에 진행하는 비슷한 경험을 해보았을 것이다. 사실 사업 기획서나 보고서를 처음부터 끝까지 한 번에 쓰는 경우는 드물다. 쓰다가 막히면 잠시 다른 일을 하다, 조급한 마음에 다시 달려들어 나아가곤 한다. 어지간한 흡입력을 가진 이야기가 아닌 이상 책도 마찬가지다. 한 번에 한 권의 책을 읽기 위해서는 비상한 집중력을 필요로 한다.

그래서 나는 다른 분야, 다른 작가의 책을 여러 권 준비해서 싫증 날 때마다 바꿔가며 읽는다. 어려운 책을 한 권 읽었다 싶으면 다음엔 쉬운 책을 읽고, 과학 분야의 책을 읽은 다음엔 문학이나 인문 분야의 책을 읽는다. 뇌의 다른 부분을 사용한다는 생각으로 책을 돌려가며 읽으면 늘 새로움을 느낄 수 있다.

책은 들고 다니는 게 아니다

나는 같은 책을 들고 다니면서 읽지 않는다. 보통 사람들은 한 권의 책을 읽기 시작하면 집에서도 읽고, 회사에서도 읽고, 대중교통에서도 읽는다. 하지만 나는 회사에 2~3권, 가방에 1~2권, 집에 3~4권씩 다른 책을 두고 읽는다. 회사에서는 A, 출퇴근길에는 B, 집에서는 C를 읽는 식이다.

집에서도 서재에만 책을 두는 게 아니다. 화장실에도 두고, 안방에도 두고, 거실에도 두고, 부엌에도 둔다. 책은 자꾸 보여야 읽게 된다. 이런 식으로 읽으면 하루에 한 권을 온전히 읽지는 못하지만, 사흘 뒤에는 한 번에 3권을 읽을 수 있다. 방법이 좀 다를 뿐, 하루 한 권 목표에는 변함이 없는 셈이다.

명절이나 주말에 친척집을 방문하게 되면 그 집에 있는 책 중 하나를 골라서 읽는다. 놀라운 사실은 1년 동안 책을 한 권도 안 읽는 사람은 있어도, 집에 책 한 권 없는 사람은 없다는 사실이다. 그만큼 책을 읽어야겠다는 생각은 간절하면서도 실천하지 못하는 게 우리의 현주소다. 게다가 그런 집에는 내가 생각지도 못했던 분야의 책들이 많기 때문에 균형 독서를 할 수 있는 좋은 기회라고 받아들인다.

아래 표는 내가 평일과 주말, 출장 기간이 나란히 있었던 2017년 3월 31일부터 4월 5일까지의 독서 내역을 표시한 것이다. 6일 동안 8권의 책을 상황에 맞춰 읽었는데, 그중 6권은 통독을 하고 2권은 읽지 못했다. 끝까지 읽은 책 중 두 권은 3월 31일 이전부터 읽던 책인데 해당 기간 동안에 마지막 장을 덮어 통독으로 표시했다.

한 권의 책을 주야장천 끝까지 읽을 필요는 없다. 그때그때 시간과 장소에 맞는 책을 골라 조금씩 읽다 보면 지루하지 않게 마지막 장을 덮을 수 있다. 한 권에 매달리지 말고 당당하게 사치를 부리자.

평일과 주말, 출장이 이어졌던 6일 동안의 독서 진행표

제목	『유시민의 글쓰기 특강』	『여자, 오늘도 일하다』	『셀프 오거나이징』	『한 달에 한 도시 2』	『여행의 기술』	《굿모닝 팝스》	『독서의 기술』	『나이 서른에 책 3,000권을 읽어봤더니』
장소 날짜	집	집	집	친척 집	친척 집	버스	회사	비행기
31일 (금) 출근	1쪽~163쪽	–	191쪽~205쪽	1쪽~끝	–	–	–	–
1일 (토) 주말	164쪽~끝	1쪽~42쪽	–	–	1쪽~끝	–	–	–
2일 (일) 주말	–	43쪽~134쪽	206쪽~221쪽	–	–	–	–	–
3일 (월) 출근	–	135쪽~끝	222쪽~240쪽	–	–	44쪽~49쪽	1쪽~92쪽	–
4일 (화) 출근	–	–	241쪽~끝	–	–	50쪽~55쪽	93쪽~167쪽 (읽는 중)	–
5일 (수) 출장	–	–	–	–	–	56쪽~61쪽 (읽는 중)	–	1쪽~끝

생활 패턴을 바꿔라

야행성 인간에서 아침형 인간으로

나는 전형적인 야행성 인간이다. 어려서부터 자정 전에 잠을 자 본 적이 없다. 밤의 적막함 속에 있는 게 좋아서 책을 보고, 음악을 듣고, 멍하니 앉아서, 항상 밤을 느끼며 살았다. 우울증에 빠지기 전에는 밤늦게까지 야식 먹고 텔레비전 보다가 늦게 잠드는 경우도 많았다. 그러다 늦잠을 자서 아이들 아침을 거르고 부랴부랴 출근하기도 했다. 원래 잠이 없다기보다는 늦게 자고 늦게 일어나는 스타일이었다.

이런 습관이 〈1천 권 독서법〉 초기에는 책을 빨리 읽는 데 도움이 되었다. 밤이 될수록 정신이 말똥말똥해져서 새벽 늦게까지 책을 읽다 잠들었다. 그런데 몇 달이 지나자 점점 눈꺼풀이 무거워지기 시작했다. 급기야 저녁 10시만 되면 잠이 들었다가 새벽 5시나 6시에 깨었다. 제시간에 잠들어서 8시간 이상을 푹 자고 아침에 일어났다. 나는 그렇게 아침형 인간으로 변했다.

일찍 자고 일찍 일어나니 좋은 점이 세 가지 정도 있었다. 첫 번째는 '체력 상승'이다. 늦게 자고 늦게 일어났을 땐 충분히 자도 피곤했는데, 아침형 인간으로 바뀌고 나니 하루 종일 피곤한 줄 몰랐다.

두 번째는 '늦은 저녁보다 더 집중력 높은 아침 시간을 누릴 수 있다'는 사실이었다. 피곤한 상태로 늦게까지 깨어 있는 것보다는 아침에 개운한 상태로 무언가를 하는 게 훨씬 효율이 좋았다.

마지막으로 '살이 빠진다'는 점이다. 일찍 잠들다 보니 야식을 먹을 시간이 없어져, 자연스레 건강한 몸매를 가질 수 있게 되었다.

버리는 시간을 주워 담아라

바쁜 현대인에게 시간 관리는 필수다. 지금 우리 주변에는 중요하지도 않고 긴급하지도 않은 시간이 너무 많다. 예를 들어 습관적으로 스마트폰을 만지작거린다거나 게임을 하는 시간, 필요하지도 않은 물건을 쇼핑하는 시간, 멍하니 있는 시간 등은 두 번 다시 주워 담을 수 없는 기회비용이다.

〈1천 권 독서법〉을 진행하면서 이렇게 낭비하는 시간을 모두 독서 시간으로 변화시켰다. 독서는 내가 살기 위해 선택한 최후의 수단이었기 때문이다. 그리고 깨달았다. 시간 관리도 하나의 습관이라는 사실을.

시간을 집약적으로 활용하다 보니 허튼 데 쓰는 시간 외에도 줄일 수 있는 시간, 더 짜낼 수 있는 시간, 동시에 할 수 있는 시간 등이 눈에 보이기 시작했다. 이런 시간을 효율적으로 재배치하자 하루가 길어지고, 일의 능률도 올라갔다. 3년 전 워킹맘의 하루와 오늘 워킹맘의 하루가 크게 다르지 않은 데도, 지금은 삶에서 여유가 느껴지는 까닭이다.

이 책의 원고를 쓰면서도 시간을 집약적으로 관리했다. 집필을 시작하기 전 매주 일요일 저녁 시간을 활용해 글쓰기 강의를 듣고, 매일 아침 6시에 일어나 1시간, 점심시간 1시간, 주말 3시간씩을 원고 작업에 할애했다. 그렇게 일주일에 16시간씩 6주를 투자하자 출판사에 보낼 원고가 나왔다. 물론 원고를 쓰는 와중에도 하루 한 권 독서는 멈추지 않았다.

사람들은 묻는다. "회사 다니고, 애 키우고, 대학원 다니고, 도대체 책은 언제 읽어요?"

나는 답한다. "회사 다니고, 애 키우고, 대학원 다녀도, 책 읽을 시간 충분히 있어요."

혼자 있는 시간을
즐겨라

열등감에서 자존감으로

현대인은 외부에서 오는 각종 스트레스에 무방비로 노출되어 있다. 독서는 이렇게 번잡한 일상의 와중에 오롯이 혼자 있는 시간을 제공한다. 사람들 사이에서 방전된 에너지를 채우는 데에는 독서만큼 효과 좋은 방법이 없다.

나 역시 〈1천 권 독서법〉을 처음 시작했을 때, 독서를 통해 많은 에너지를 얻었다. 아무 말 없이 3시간 동안 가만히 앉아 책이 주는 에너지를 온몸으로 받아들였다. 업무와 육아라는 현실로부터 한 걸음 떨어진다는 사실만으로도 얼마나 마음이 편했는지 모른다. 어느 자기계발서 제목처럼 정말 '혼자 있는 시간의 힘'은 위대했다. 독서는 단순히 책을 읽는 행위가 아니다. 마음을 정화시키고 치료하는 적극적인 힐링이다. 독서가 아니면 살아남을 수 없었다. 그래서 나는 나 스스로를 독서 감옥에 가두었다.

책을 많이 본다고 해서 성인聖人이 되는 건 아니다. 아마 그랬다면 세상에는 수십, 수백만 명의 성인이 있을 것이다. 단, 꾸준히 독서를 하다 보면(혼자 있는 시간을 갖다 보면) 마음속 불안과 스트레스를 이겨내는 힘을 얻을 수 있다. 누군가를 미워하는 마음, 스스로에게 불만족스러운 마음을 지워낼 수 있는 능력이 생긴다.

3년 전의 나와 오늘의 나를 비교했을 때, 가장 만족스러운 점은 여유가 생겼다는 것이다. 예전 같았으면 불같이 화를 냈을 상황에서도 너그럽게 대하고, 합리적으로 판단할 수 있게 되었다. 그 당시 나는 아무것도 할 수 없다는 열등감에 가득 차서 나에게 조금만 피해를 줘도 과하게 화를 냈다. 그만큼 삶의 여유가 없었다.

그러나 지금은 마음이 고요하고 평온해지면서 반대로 다른 사람이 받을 상처를 헤아릴 줄 아는 내가 되었다. 웬만하면 내가 먼저 웃고 손 내밀어 화해를 청한다. 혼자 있는 시간의 힘은 그렇게 내 열등감을 치료하고 누구보다 도전적인 사람으로 변화시켰다. 스스로 책을 들고 독서 감옥으로 들어가지 않았다면 불가능한 일이었다.

슬픔을 기쁨으로 변환시키는 힘

나는 하루도 거르지 않고 책을 읽으며 행복해졌다. 그런데 이 행복이라는 감정은 참 주관적이다. 책을 읽기 전에 나는 매일 8시간 이상 일을 하고, 하루 2~3시간 집안일과 육아에 매달렸다. 이런 생활 패턴은 지금도 다르지 않다. 오히려 대학원에 다니느라 더 바빴고, 애들이 자라면서 손도 많이 가게 되었다. 그럼에도 지금은 행복하다.

도대체 이런 행복의 힘은 어디에서 오는 걸까? 헤르만 헤세는 그의 저서 『독서의 기술』에서 다음과 같이 말했다.

"독자들에게 불꽃같은 에너지와 젊음을 맛보게 해주지 못하고 신선한 활력의 입김을 불어 넣어주지 못한다면, 독서에 바친 시간은 전부 허탕이다. 한 권 한 권 책을 읽어나가면서 기쁨이나 위로 혹은 마음의 평안이나 힘을 얻지 못한다면, 문학사를 줄줄 꿰고 있다 한들 무슨 소용인가? 또한 우리는 자신과 일상을 잊고자 책을 읽어서도 안 된다. 그 반대로 더 의식적으로, 더 성숙하게 우리의 삶을 단단히 부여잡기 위해 책을 읽어야 한다."

작가의 말처럼 책을 읽는다는 건 우리의 삶을 더 성숙하게 만드는 과정이다. 일상에서 오는 스트레스를 멀리하지 않고 오히려 기쁨으로 변환시키는 힘, 그 힘이 바로 책 안에 있다.

하루 한 권 책밥

> 죽음 속에서 삶이 무엇인지 찾으려 하는 자는
> 그것이 한때 숨결이었던 바람이란 걸 알게 된다.
> 새로운 이름은 아직 알려지지 않았고,
> 오래된 이름은 이미 사라졌다.
> 세월은 육신을 쓰러뜨리지만, 영혼은 죽지 않는다.
> - 브루크 풀크 그레빌 남작 <카엘리카 소네트 83번>
>
> - 『숨결이 바람 될 때』(폴 칼라니티 저 | 흐름출판) 중에서

'무엇이 삶을 의미 있게 하는가. 죽음을 생각할 때 삶이 깊어진다.'

띠지 문구가 인상적인 이 책은 나와 비슷한 나이에 죽음을 맞이한 의사의 마지막을 기록한 것이다. '재앙'이라는 단어의 어원은 '부서지는 별'이라고 한다. 삶에서 재앙을 만났을 때, 저자는 자신의 감정을 숨기지 않고 소리 내어 울었다. 그리고 다시 일어나 자기의 길을 걸었다. 희망이 보이지 않는 순간에도 최선을 다해 자신에게 주어진 일을 마쳤다. 나라면 어땠을까? 죽음을 기다리면서 주어진 일에 최선을 다할 수 있을까? 주어진 사명을 다하면 하나님이 데려간다는데, 내가 짊어진 사명은 무엇일까? 삶의 마지막 순간에 내가 꼭 가져야 할 의미 있는 시간은 무엇일까? 오랜 시간 고민을 거듭한 끝에 나는 다시 책을 펼쳐 들었다.

아직은 그냥 상상에 불과하지만, 언젠가는 내가 가장 좋아하고 잘하는 독서를 통해 새로운 길을 만들 수 있지 않을까 기대한다. 꿈을 꿀 수 있다는 것, 독서가 아니었다면 이마저도 불가능했을 것이다.

6부

거인의 어깨에 올라 세상을 바라보다

내 머릿속
대도서관

책으로 하는 뇌 운동

뇌는 상상과 현실을 구분하지 못한다. 그래서 책을 읽으면 뇌는 글의 내용을 현실로 받아들이고 다양한 반응을 보인다. 무서운 책을 읽으면 손에서 땀이 나고, 신나는 책을 읽으면 심장이 빨리 뛰는 까닭은 이처럼 뇌가 상상과 현실을 구분하지 못하기 때문이다. 평소 창의력이 필요한 일을 하는 사람이라면 상상력을 자극하기 위해서라도 책을 읽을 필요가 있다.

독서는 건강을 유지하는 데에도 도움을 준다. 책을 읽으면서 접하는 낯선 단어와 표현법은 뇌의 다양한 부분을 자극한다. 이렇게 뇌가 활성화되면 혈액 순환이 촉진되고 기억력이 좋아져 치매를 예방할 수 있다. 또한 심박수가 낮아지면서 근육의 긴장이 풀리는 스트레스 감소 효과도 누릴 수 있다.

내 머릿속 빅데이터

당연한 얘기지만 독서를 하면 똑똑해진다. 정보와 상식, 배경지식이 머릿속에 차곡차곡 쌓인다. 179페이지에 소개한 주제 독서나 작가 독서를 하면 그 분야나 작가에 대한 통찰력을 얻을 수도 있다. 머릿속에 일종의 빅데이터를 만드는 것이다.

독서를 하면 거만해져서 지적도 많이 하게 되는 것 아니냐고 우려하는 사람이 있다. 하지만 그렇지 않다. 아니, 그럴 수 없다. 전문 서적을 깊이 있게 탐독하지 않는 이상 박사나 교수급의 지식을 갖추기는 어렵다. 우리가 읽는 책은 교양 지식을 늘리는 데 그 목적이 있다. 책을 1~2권 읽으면 몰랐던 사실을 알게 되면서 아는 척하고 싶은 생각이 강하게 들지만, 오히려 5권, 10권을 읽다 보면 세상에 똑똑한 사람이 너무 많다는 사실을 깨달으면서 겸손해진다. 섣불리 아는 척을 하다간 바닥이 드러나지는 않을까 걱정하게 된다. 주변에 아는 척하고 지적질하는 사람이 있다면 책 1~2권을 겨우 읽은 사람이라고 보면 된다.

생각은 3단계로 발달한다고 한다. 먼저 생각에서 사고의 단계로,

다음엔 자기 개념으로 발전한다. 이렇게 사고를 활성화시키는 가장 좋은 방법이 '독서'와 '지적 대화'이다. 독서를 통해 지적 대화가 가능한 수준으로 지식 빅데이터를 쌓고, 사고를 자기 개념으로 끌어올려 보자. 그러면 굳이 드러내지 않아도 자연스레 똑똑한 사람으로 보일 것이다.

많이 읽으면 잘 쓴다

기술이 고도화되고 영상 문화가 활발해지면서 미래 사회에서는 글쓰기 능력이 중요하지 않을 것이라고 말하는 사람들이 있는데, 이는 잘못된 생각이다. 오히려 기술이 발전할수록 창의력이 필요하지 않은 일은 기계가, 글쓰기처럼 고도화된 감각을 요구하는 일은 사람의 몫이 될 것이다. 그리고 글쓰기 실력을 가장 효과적으로 늘릴 수 있는 방법이 바로 '다독'이다.

작가들에게 글 잘 쓰는 비결을 물어보면 흔히 '다문, 다독, 다상량'을 말한다. 많이 듣고, 많이 읽고, 많이 생각하다 보면 저절로 글 쓰는 실력이 는다는 것이다. 특히 다독을 하면 어휘력과 표현력이 눈에 띌 정도로 향상된다. 글쓰기는 어휘와 표현의 싸움이다. 상황에 적합한 어휘를 찾아 적합한 방법으로 표현하는 게 글쓰기의 기본이다. 잘 쓴 글을 읽다 보면 나도 모르게 고개를 끄덕이게 되는데, 그만큼 어휘와 표현법이 적재적소에 잘 배치되어 있어서 이해하는 데 무리가 없기 때문이다.

독해력과 주제 파악 능력도 향상된다. 어휘와 지식이 충분히 쌓이면 어려운 글을 읽어도 한 번에 이해할 수 있으며, 저자의 논리를 따라가는 데 무리가 없게 된다. 그 과정을 반복하다 보면 어느새 논리 정연하게 글을 쓰고 있는 자신을 발견할 수 있을 것이다. 나의 경우 800권의 책을 읽고 나자 작가들처럼 체계적으로 책을 쓸 수 있겠다는 자신감이 생겼다.

글쓰기에서 가장 중요한 능력 가운데 하나가 편집력이다. 다양한 정보를 효과적으로 전달할 수 있는 능력을 편집력이라 부르는데, 책을 많이 읽으면 체계적인 구성과 정보 전달 방법에 대한 자신만의 노하우가 생긴다. 나 역시 이 책을 쓰면서 다른 저자들의 책을 수없이 연구하고 분석했다.

요즘 책 읽고 필사하기가 유행인데, 전체를 필사하기 어렵다면 나처럼 독서 요약 노트에 좋다고 느낀 문장을 적어두는 것도 편집력 향상에 도움이 된다. 글을 쓸 때 다른 책에 쓰인 인상적인 구절을 인용하면 읽는 이의 집중력을 향상시킬 수 있을 뿐만 아니라, 자신이 느꼈던 감동을 다른 사람에게 전달할 수 있다.

이제 여러분도 읽는 사람에서 쓰는 사람으로 나아가보는 건 어떨까?

거인의 어깨에 올라 세상을 바라보라

구글이 제공하는 학술 검색 사이트 '구글 스콜라' 첫 화면에는 "거인의 어깨에 올라 더 넓은 세상을 바라보라"는 뉴턴의 글이 쓰여 있다. 뉴턴의 말처럼 책을 읽는다는 건 거인의 어깨에 오르는 것이다. 앞서 살았던 사람들의 지혜를 읽고 공유함으로써 세상을 더 넓게 바라볼 수 있는 시야를 얻을 수 있다.

작가가 한 권의 짧은 책을 쓰기 위해서는 최소 50권 이상의 책을 읽고, 그 내용을 바탕으로 자신의 직간접적인 경험을 기술해야 한다고 한다. 책 한 권에 저자의 인생과 그 사람이 읽은 책 50권 이상이 녹아 있는 셈이다. 여러분이 읽고 있는 이 책 역시 내가 3년 10개월 동안 1천 권의 책을 읽고 쓴 결과물이다. 쉽게 책 한 권당 만 원이라고 생각하면 1,000만 원의 투자비가 들어간 것이다.

책은 인류의 발전을 이끌어온 직접적인 촉매제이다. 뉴질랜드 심리학자 제임스 플린의 연구에 따르면 미국 군대에서 신병을 대상으로 아이큐 검사를 한 결과 10년마다 3점씩 높아졌다고 한다. 이런 현상은 유럽, 오스트레일리아, 일본, 개발 도상국 등에서 모두 동일하게 나타났는데, 플린은 그 원인으로 과학 발전을 꼽았다.

그러나 만약 지식을 전달하는 책이 없었다면 과학이 발전할 수 있었을까? 아니다. 인류 진화의 주인공은 과학이지만, 책이라는 촉매제가 없었다면 그 속도는 훨씬 더뎠을 것이다.

어떤가? 여러분도 당장 책이라는 거인을 밟고 거인의 어깨에 오르고 싶지 않은가?

집안 분위기를 바꾸는
독서 전염병

책 읽을 맛 나는 우리 집

우리 집 인테리어의 역사는 〈1천 권 독서법〉 이전과 이후로 나뉜다고 해도 과언이 아니다. 과거 텔레비전이 있던 거실 벽면은 내 책 800권과 아이들 책 1,000권이 꽂힌 5개의 책장으로 가득하고, 소파가 있던 자리엔 독서용 리클라이너가 놓여 있다. 주방 식탁과 안방, 작은방, 화장실 곳곳에 책이 놓여 있으며, 책상과 의자 또한 책 읽기 좋은 제품들로 바뀌었다. 독서를 위한 최상의 환경. 이것이 바로 우리 집 인테리어 컨셉이다.

나는 아이들이 어렸을 때 책을 읽어주지 못했다. 다른 엄마들은 아이가 뱃속에 있을 때부터 태교의 일환으로 책을 읽어준다고 하는

데, 나는 일이 바쁘다는 핑계로 그러지 못했다. 그리고 평소 내가 책을 읽지 않는데, 아이들에게만 읽으라고 하는 건 모순이라고 생각했다. 그래서 남편과 아이에게 책을 사주면서도 읽으라는 말은 하지 않았다.

그런데 집안 인테리어를 바꾸고 내가 먼저 책을 읽기 시작했더니 남편과 아이도 따라서 책을 펼치는 기적이 일어났다. 초등학교 2학년인 첫째는 학교 갈 때 읽을 책을 따로 챙겨가고, 남편도 내게 추천할 만한 책이 없는지 종종 묻는다. 아직 받침 있는 단어는 읽지 못하는 여섯 살짜리 둘째도 형을 따라 책 읽기에 돌입했다. 책을 들고 엄마 무릎에 앉아 읽어달라고 조르는 모습이 얼마나 귀여운지 모른다.

물론 우리 아이들도 다른 애들처럼 텔레비전 보고 스마트폰 게임하는 것을 좋아한다. 책과 스마트폰 게임 중 하나를 고르라면 스마트폰을 고를 게 뻔하다. 하지만 분명한 건 책 읽는 재미를 알아가는 중이라는 사실이다. 이렇게 책 읽기에 할애하는 시간이 점점 늘어나다 보면 아예 텔레비전과 스마트폰을 찾지 않는 때가 오지 않을까 희망한다.

세상에서 가장 행복한 독서 전염병

나는 독서 전염병에 걸렸다. 여기저기 '책 읽기'라는 병을 전파하고 다닌다. 독서 전염병의 첫 번째 대상은 우리 큰아이였다.

첫째 아이가 학교 숙제로 '우리 가족'이라는 주제 일기를 쓴 적이 있다. 그런데 그 내용 중 인상적인 구절이 있었다. "아빠는 텔레비전을 보고, 엄마는 책을 보고, 은규랑 선규는 장난감으로 놀아요." 아이들 눈에 엄마가 '책 보는 사람'으로 인식되어 있었던 것이다. 그리고 이런 엄마의 독서병은 금세 아이들에게 전염되었다.

엄마를 따라 책을 읽기 시작한 첫째 아이는 이제 하루에 책 3권을 읽는다. 억지로 시키지 않아도 자발적으로 책을 집어 든다. 이렇게 적극적으로 독서를 하는 이유 가운데 하나는 10권을 읽을 때마다 보상을 얻을 수 있기 때문이다. 동기 부여가 확실하니 독서라는 전염병에 저항하지 않고 순순히 따르는 것이다.

이때 건강한 독서 습관을 위한 작은 팁을 공유하자면, 나는 아이의 균형 독서를 위해 2권은 아이가 읽고 싶은 책을 고르게 하고, 1권은 내가 읽었으면 하는 책을 골라준다. 그리고 아이 스스로 독서 시간을 확보할 수 있게 20분 일찍 등교시킨다. 잠깐이라도 아침에 책을 펼치면 뒷이야기가 궁금해서 틈날 때마다 책을 읽게 되기 때문이다. 이런 식으로 아이는 하루에 책 3권을 학교에서 읽고 온다. 학교에서 다 읽지 못한 날은 저녁 숙제를 한 뒤에 꼭 읽고 잔다.

두 번째 대상은 남편이다. 창피한 이야기지만, 우리 남편은 1년 독서량이 0이다. 그런데 올해 벌써 3권의 책을 읽었다. 0에서 3이라니…… 무에서 유를 창조한다는 건 바로 이런 것이다.

세 번째 대상은 직장 동료와 대학원 동기 등 주변 사람이다. 하루 한 권씩 1천 권의 책을 읽었다고 말하면 주변에 자극받는 사람이 생기게 마련이다. 하루 한 권까지는 아니더라도 책 읽는 습관을 가질 수 있게 노력하겠다고 말한 사람이 벌써 주변에 수두룩하다. 대학원 선배 중 한명은 내 이야기를 듣고 본인도 1년에 100권을 읽겠다는 계획을 세웠다가 60권 만에 중단했다. 그런데 요즘 우리 큰애가 열심히 책 읽는다는 얘기를 듣더니 다시 시작해보겠다고 연락을 취해왔다.

독서 전염병을 퍼뜨리는 일은 때와 장소를 가리지 않는다. 대학교에서 업무 관련 특강을 몇 번 한 적 있는데, 그때마다 마지막에 꼭 〈1천 권 독서법〉을 소개했다. 공부하고 아르바이트하느라 책 읽을 시간이 없다는 학생들에게, 독서야말로 인생을 변화시키는 참공부라는 사실을 강조했다.

독서 전염병을 퍼뜨리는 일은 별도의 노력을 필요로 하지 않는다. 내가 책을 읽고 있으면 그 자체로 다른 이에게 자극이 된다. 책을 추천하거나 선물하면 더 효과적으로 병을 옮길 수 있다. 나와 우리 가족과 친구들을 위한 독서, 이제 혼자 즐기지 말고 다른 사람에게 옮겨보는 건 어떨까?

책을 읽으면
일이 편해진다

책으로 홍보 천재가 될 전 과장

단순히 지적 허영심을 채우기 위해 책을 읽는다면 그건 참 독서가 아니다. 책을 통해 얻는 무엇인가를 통해 내 삶을 변화시켜야 한다. 사람들은 흔히 독서와 업무, 일상을 다르게 생각하지만, 이는 잘못된 것이다. 독서는 모든 일에 영향을 끼친다. 나는 독서로 공부하고, 일상을 변화시켰으며, 업무 전문성을 높였다.

대학에서 전공 분야 자격증을 취득한 뒤 한 회사에서 14년을 근무했다. 하는 일 가운데 80% 이상은 매번 반복되는 행정 업무여서 특별한 능력을 발휘하거나 고민할 필요가 없었다. 내 스스로도 편하게 직장을 다닌다고 생각했다.

그런데 2년 전, 갑자기 홍보 업무를 맡게 되었다. 자의 반 타의 반으로 맡겨진 일이었다. 업무를 시작하기 전까지 약 한 달의 시간이 남았는데, 나는 홍보의 홍 자도 모르는 상태였다. 한 번도 관련 교육을 받거나 배워본 적이 없었다. 전임자에게 업무 인수를 받고 사업 계획서와 평가서를 보았는데 정말 뭐가 뭔지 하나도 알아볼 수 없었다.

서점으로 달려가 홍보, 마케팅에 관련된 책을 10권 이상 샀다. 관련 분야의 책을 10권 이상 읽으면 개념이라도 잡히지 않을까 하는 절박한 심정이었다. 『마케팅의 신』(조 비테일 저 | 에이지21), 『SNS 천재가 된 홍대리』(장경아, 엉뚱상상 공저 | 다산라이프), 『카카오 마케팅 컨설팅북』(오종현 저 | e비즈북스), 『나는 페이스북 마케터다』(구마사카 히토미 저 | 길벗), 『혼자서도 할 수 있는 바이럴 마케팅』(유성철 저 | 앤써북), 『백만 방문자와 소통하는 소셜 홍보 마케팅』(김진 저 | 한빛미디어), 『블로그&키워드 마케팅 전략』(원동욱 저 | 앱북스), 직접 저자 강연을 듣고 구입한 『ONE PAGE 인포그래픽스』(우석진 저 | 샌들코어) 등을 밤낮으로 읽었다.

기본적인 용어와 개념을 익힌 뒤에는 동일 업종 7개사의 온라인 홍보를 종류별로 분석하고, 유사 업종 경력 10년차 홍보팀장을 만나 노하우를 전수받았다. 그렇게 책과 사람을 통해 얻은 정보를 바탕으로 이미 개설되어 있던 회사 페이스북을 알리는 데 집중했다. 결과는 성공이었다. 5년 간 200명에 머무르던 팔로워 수가 두 배 넘게 늘어 500명이 되었고, 최고 조회 수도 300건에서 600% 증가한 1,800건으로 올랐다.

이처럼 독서를 실제 업무에 적용하면 훨씬 더 효율적으로 성과를 낼 수 있다. 업무를 시작한 지 2년 밖에 되지 않아 전문가라 할 순 없지만, 지금도 꾸준히 관련 분야 책을 읽으며 공부하고 있기 때문에 조만간 홍보 천재가 될 수 있지 않을까 기대한다.

1천 권 독서, 1천 개 아이디어

나는 창의적인 사람이 아니다. MBTI 일반 강사 자격증을 취득하면서 분명히 알게 된 사실은 내 창의력 점수가 거의 바닥이라는 것이다. 회사에서 아이디어를 마음껏 제시하는 사람을 보면 부럽다 못해 시기하는 마음까지 생기곤 했는데, 거기엔 이런 열등감이 깔려 있었다.

하지만 매일 한 권씩 1천 권의 책을 읽으면서 나는 창의적인 사람으로 변모했다. 박상배 작가는 『인생의 차이를 만드는 독서법 본깨적』에서 '책 한 권을 읽을 때마다 최소한 한 가지는 배우고, 한 가지는 실천하자'는 뜻으로 'One Book, One Message, One Action'을 주장했다. 내 독서 모토 역시 박상배 작가의 생각과 다르지 않았다. 그래서 1천 권의 책을 읽으면서 1천 개의 배움과 1천 개의 적용점을 발견했더니 어느새 아이디어가 생활화된 사람으로 바뀌었다.

독서는 타인의 생각이 활자를 통해 내 안으로 들어왔다가 나가는 과정이다. 그래서 책을 읽으면 저자와 오랜 시간 대화를 나누는 효과가 있다. 철학자 데카르트도 "좋은 책을 읽는다는 것은 지난 몇 세기 동안 걸쳐 가장 훌륭한 사람과 대화를 나누는 것과 같다"고 말했다. 그렇게 얻은 지식과 아이디어는 어떻게든 일상생활로 이어진다. 바로 이 과정이 아이디어다. 책을 통해 얻은 옛사람의 지식과 경험을 현재에 재현하는 것이 아이디어다.

흔히 하늘 아래 새로운 것이 없다고 말한다. 맞는 얘기다. 찾아보면 전부터 해오던 것들이고, 효과가 없어서 중지된 것들이다. 창의력은 이미 있는 것들을 조금씩 변형하고 개조하면서 발휘된다. 그런 점에서 나는 1천 개의 오래된 아이디어를 알고 있다. 여기에 조금만 변형을 가하면 1천 개의 아이디어가 나온다. 지금도 매일 책을 읽고 있으니 아이디어는 계속 늘어나고 있다.

One Book, One Message, One Action

책은 실패와 절망을 이야기하지 않는다. 마치 텔레비전 드라마 같다. 아무리 이야기가 막장으로 흘러가도 결국 나쁜 사람은 벌을 받고 착한 사람을 상을 받는 것처럼, 책도 결국엔 성공과 희망을 이야기한다.

　1천 권의 책을 읽으면서 달라진 점 가운데 가장 높이 평가하는 게 정서적 변화이다. 전에는 '내가 할 수 있을까? 중간에 또 그만두면 어쩌지?' 하고 걱정부터 했는데, 책을 읽은 뒤로는 '그래. 나도 할 수 있어. 하다가 멈추면 어때? 또 다시 시작하면 되지' 하고 생각하게 되었다.

　일을 하면서 늘 영어를 잘했으면 좋겠다고 생각했다. 뭘 좀 하려 해도 영어가 발목을 잡는 느낌이 강했다. 사실 영어와의 악연은 학창 시절까지 거슬러 올라간다. 중학교에 올라 처음 치른 영어 시험에서 반 꼴찌를 했다. 고등학교 다닐 땐 영어가 싫어서 이과를 선택했고, 대학원에서는 영어 원서를 볼 자신이 없어 논문을 쓰지 않는 방법으로 졸업했다. 지금 하는 일 역시 영어를 사용할 일이 없어서 10년이 넘게 한 직장에 근무하는지도 모른다. 이렇게 내 영어 실력은 초등학생 수준을 벗어나지 못한다. 무턱대고 본 토익 시험에서 진짜 발사이즈보다 조금 높게 나왔으니 그 수준을 짐작할 수 있을 것이다.

　그러나 〈1천 권 독서법〉을 하면서 과감하게 영어 공부도 함께 시작했다. 출퇴근길에는 이어폰으로 영어 라디오를 듣고, 여유가 되면 영어 잡지를 읽는다. 집에서도 책 읽기가 지루해질 때면 틈틈이 영어 단어장을 펴놓고 외운다. 토익 점수가 어느 정도 오르면 직장인들을 대상으로 하는 단기 어학연수도 다녀올 셈이다. 이렇게 5년 정도를 투자하면 고급까지는 아니더라도 중급 영어 실력을 갖출 수 있지 않을까?

영어 공부가 끝나면 둔한 몸을 이끌고 폴댄스에 도전하려 한다. 산티아고 순례자의 길도 걷고, 세계 100개국 여행도 해보려 한다. 중간에 힘들면 좀 쉬어가도 된다. 하겠다는 의지만 있으면 언젠가는 할 수 있다.

One Book, One Message, One Action. 한 권의 책을 읽을 때마다 한 개의 배움과 한 개의 적용점을 찾아보자. 그냥 읽는 건 텔레비전이나 스마트폰을 보는 것과 크게 다르지 않다. 배울 점과 적용할 점을 찾아서 나를 변화시켜야 효과가 있다. 그래야 포기하더라도 다시 시작할 수 있는 힘이 생긴다.

국민 언니 김미경 강사는 『아트 스피치』(김미경 저 | 21세기북스)라는 책에서 이렇게 말했다.

"부탁하는데, 제 이야기를 듣고 인생을 바꾸려고 하지 마세요. 다만 쓸 만한 단서와 힌트를 몇 가지 얻을 겁니다. 지금까지 생각하지 못한 변화의 단서들이죠. 그 중 두세 개만 가져가서 인생에 적용해보세요. 내일부터 새로운 인생이 펼쳐질 겁니다."

내 인생은 책을 읽으며 매일매일 새롭게 펼쳐지고 있다.

관계의
재구성

배경지식이 많으면 대화가 술술 풀린다

"아는 만큼 보이고, 보이는 만큼 느낀다."

스테디셀러 『나의 문화 유산 답사기』(유홍준 저 | 창비) 저자인 유홍준 교수가 배경지식의 중요성을 강조하며 한 말이다. 그런데 이 얘기는 대화를 나누는 데 있어서도 유효하다. 나는 책을 읽으며 사람들과의 대화를 이끌어 나갈 수 있는 힘을 얻었다.

독서를 통해 다양한 분야의 배경지식이 생기면 그만큼 대화를 나눌 수 있는 소재도 많아진다. 책을 읽기 전에는 날씨 이야기나 자녀 이야기가 대화의 주를 이루었다. 업무 관련 미팅을 가도 딱 일 얘기만 했다. 뭔가 다른 얘기를 하고 싶은데 할 말이 없었다. 중간 중간

이야기가 끊겨 어색하게 찻잔을 만지는 시간이 길었다.

그러나 지금은 대화를 나누는 사람의 성향에 따라 다양한 이야기를 주고받는다. 정치, 경제, 예술, 건강, 취미, 문학, 여행 등 한 권이라도 책을 읽은 분야가 있다면 가벼운 대화를 나눌 수 있다. 예를 들어 일본에서 일하거나 일본 문화에 관심이 많은 사람을 만나면 이런 질문을 던진다.

"일본 사람들은 일반인도 자기계발서를 많이 내는 걸로 알고 있어요. 한국에도 번역된 책이 매우 많지요. 실제로 일본인들은 일상에서 책을 많이 읽고 쓰나요?"

"요즘 한국 대학생들이 일본 취업에 관심이 많다고 해요. 일자리도 많고 급여도 높아서 한국보다 낫다는 판단이지요. 실제로 일본의 일자리 수준은 어떤가요? 단순한 아르바이트 일자리가 많은 건가요? 아니면 정규직 일자리에서 한국 사람을 선호하나요?"

"일본 왕족은 '신'의 계승자 개념이라 주민 번호가 따로 없다던데, 정말 일본 사람들은 일왕이 신이라고 생각하나요? 영국 왕실 사람들은 연예인처럼 인기가 많던데 일본도 그런가요?"

전에는 '일본'이라고 하면 떠오르는 게 온천과 깨끗한 길밖에 없었다. 이렇게 일본 문화와 경제, 역사에 관심을 가지게 된 건 계기는 하나, 책을 읽었기 때문이다. '일본'이라는 주제 독서로 배경지식을 쌓은 덕분에 아는 것도 많아지고 궁금한 것도 많아졌다.

이런 사례는 일본에 국한되지 않는다. 나는 어떤 주제가 나와도 다른 사람과 1시간 이상을 거뜬히 대화할 수 있다. 찻잔이 식는 줄도 모르고 대화를 나눈다. 마치 책을 읽는 것처럼 상대방을 통해 내 지식을 확인하고, 새로운 정보를 얻는다. 단순히 시간을 때우기 위한 대화가 아니라 지식을 축적하기 위한 대화로 성격이 바뀐 것이다.

다른 사람과의 만남이 늘 초조하고 불안하다면 당장 서점으로 달려가기를 권한다.

사회성을 향상시켜주는 독서

책은 이야기다. 책을 읽는다는 건 다른 사람의 이야기를 듣고 공감하며 생각하는 일이다. 그러므로 책을 많이 읽으면 타인에 대한 공감 능력이 향상되어 사회성이 활발해지는 효과가 있다.

실제로 책을 읽으면 언어 습득과 일차적 감각을 주관하는 뇌 측두엽에 변화가 나타난다. 이러한 변화는 뇌가 책 내용을 실제로 착각하고 주인공과 교감하기 때문에 발생한다. 이질적인 대상과의 교감은 사회성을 기르는 가장 첫 번째 단계로, 이 과정이 제대로 수행되지 않으면 다른 이의 감정에 공감하지 못하는 외톨이가 될 수 있다. 실제로 취학 전에 책을 많이 읽은 아이가 그렇지 않은 아이보다 친구들과 더 잘 어울리는 것으로 나타났는데, 그만큼 책을 통한 교감이 사회성 발달에 중요하다는 사실을 보여준다.

나 역시 책을 읽으며 사람들과 어울리는 법을 배웠다. 〈1천 권 독서법〉을 시작하기 전, 나는 학력에 대한 열등감과 업무적 소진, 좋은 엄마가 되지 못한다는 자책감에 시달렸다. 자책감은 다른 사람들이 나를 일부러 힘들게 만든다는 피해 의식으로 발전했고, 스스로 사람들과 어울리기를 거부하면서 점점 공동체로부터 멀어졌다.

공동체가 주는 안락함이 사라지자 나는 신경질적인 사람으로 변했다. 별거 아닌 말에도 예민하게 반응하며 화를 냈다. 기본적으로 내향적인 사람이라 표현을 많이 못했을 뿐, 마음속에는 늘 화가 부글부글 끓고 있었다. 가족은 물론이고, 하루에 9시간 이상을 같이 보내는 동료들도 이런 내가 불편했을 것이다. 하지만 책을 읽기 시작한 뒤로는 생각이 바뀌었다. 일상에 지치고, 관계에 지쳐서 자존감 저하를 고민하는 사람은 나뿐만이 아니었다. 내가 아픈 만큼 다른 사람들도 아플 수 있겠다는 판단이 들었다. 내 상식을 벗어나는 행동이 틀린 게 아니라 다른 것이라는 걸 알게 되었다. 마음이 안정되자 사람들에게 웃으며 대하는 일이 많아졌다. 즉각적인 감정 표현을 억제하고 한 걸음 물러서서 다른 사람의 입장을 고민할 수 있게 되었다. 마음의 그릇이 넓어진 것이다. 그리고 지금 나는 먼저 다가가 말을 건네는 사람이 되었다. 고민을 들어주고 걱정해주는 사람이 되었다. 이런 내가 자랑스럽고 사랑스러워서 정말 행복하다.

무너졌던 관계가 회복되다

나는 루저였다. 남편에게는 짜증을 내고, 아이들에게는 화를 내고, 시어머니와는 사사건건 부딪히며 갈등을 일으켰다. 회사에서는 동료들에 대한 피해 의식 때문에 예민하게 굴었다. 하지만 1천 권의 책을 읽은 뒤로는 다르다. 어느 하나 부딪히는 거 없이 잘 굴러간다. 세상이 달라진 건 아니다. 내가 달라졌을 뿐이다. 책으로 가족들을 이해하고 동료들을 이해하는 법을 배웠을 뿐이다.

내가 하루 한 권 책 읽기를 하는 동안 남편에게도 많은 변화가 있었다. 우선 자동차로 왕복 3시간 출퇴근하던 직장을 그만두고 창업을 해 사장이 되었다. 쉽지 않은 결정이었던 만큼 나는 남편을 있는 힘껏 돕기로 했다. 긍정적인 말로 할 수 있다는 자신감을 불어넣어주고, 창업에 대한 책들을 읽고 요약해서 남편에게 알려주었다. 회사 이름도 내가 지었고, 사무실도 내가 알아봐서 계약했다. 자영업자가 3년 이상 살아남을 수 있는 확률이 38.8%라는데, 다행히 남편의 회사는 그 안에 속해 있다.

회사를 운영하면서 남편은 책임감 때문에 스트레스를 많이 받지만, 나는 오히려 같이 얘기할 수 있는 시간이 많아서 좋다. 인생의 동반자라는 게 이런 느낌인가 싶다. 남편이 창업을 하니 좋은 점 중에 하나는 남는 시간에 집안일을 많이 도와준다는 것이다. 독박 육아에서 공동 육아로 바뀌자 삶의 질이 달라졌다. 대학원에서 마음껏 공부를 할 수 있었고, 일이 조금 많아서 야근을 할 때에도 별다른 걱정을 하지 않게 되었다.

시부모님과의 관계도 많이 개선되었다. 예전에는 나만 힘들게 고생한다고 생각했는데, 지금은 중간에서 시달리는 남편과 오랜 세월 자신의 인생길을 걸어온 시부모님의 입장을 헤아릴 수 있게 되었다. 『가족의 두 얼굴』(최광현 저 | 부키)처럼 힘들 때마다 펼쳐보았던 가족 갈등에 관한 책들이 큰 도움이 되었다.

회사에서는 다른 동료의 의견에 귀 기울이는 사람이 되려고 노력한다. 전에는 '내가 팀장이니까 내 마음대로 해도 돼!'라고 생각했는데, 책을 읽고 피해 의식이 사라지면서 상대방의 의견을 소중히 여기는 법을 깨달았다. 그러다 보니 자연스레 동료들과의 관계도 돈독해졌다.

그렇다면 '하루 한 권 1천 권 책 읽기'를 한 전안나는 사람들에게 어떤 모습으로 보일까? 〈1천 권 독서법〉은 나를 '자기 관리가 뛰어난 사람'으로 만들어주었다. 스스로 한 약속을 지키기 위해 최선을 다하는 사람, 자기계발을 위해 시간을 효율적으로 사용하는 사람. 하루 한 권, 1천 권 독서는 그 자체로 내게 스펙이 되었다.

독서는 내 인생에 대한
최소한의 예의다

독서는 스펙이다

학력 콤플렉스를 극복하기 위해 지원한 대학원에 7번이나 떨어졌다. 자존심이 엄청 상했다. 그래서 더 죽기 살기로 책을 읽었다. 결국 8수 만에 내가 가장 원했던 대학원에 합격했다.

다음 목표는 실무자들에게 주는 장학금이었다. 전국에서 몇백 명의 지원자가 장학금을 신청하는데, 서류 심사와 면접 심사를 거친 뒤 단 7명을 선정한다고 했다. 운 좋게 서류 심사는 통과했다. 그런데 면접 심사에서 내세울 만한 스펙이 없었다. 한참을 고민하다 자기소개서에 이렇게 적었다.

"창피한 이야기지만, 대학원에 여러 번 떨어졌고, 그래서 스스로

부족한 부분을 채우기 위해 하루 한 권 책 읽기를 하고 있습니다."

정말 쓸 게 없어서 쓴 말이었는데, 면접 위원들이 관심을 보였다.

"정말 하루 한 권씩 책을 읽나요?"

"네. 한 권을 다 못 읽는 날도 있지만, 매일 책을 읽고 있습니다. 작년 11월부터 시작해서 8개월 동안 200권 정도의 책을 독파했어요."

그러자 면접 위원이 자기 관리를 잘한다며 내 이름에 동그라미를 표시했다. 가슴이 두근거렸다. 결국 실무자 장학금 가운데 가장 큰 금액을 받는 영광을 얻었다. 다른 사람들에 비해 나은 점이 하나도 없는 내가 오직 꾸준히 책을 읽는다는 이유 하나만으로 1,000만 원의 장학금을 차지했다.

독서도 스펙이 될 수 있다는 사실을 그때 처음 깨달았다.

직업의 확장

나는 비영리 단체에서 사회 복지사로 근무한다. 공무원은 아니다. 그렇다고 일반 직장인도 아니다. 일종의 민간 위탁 업체라고 생각하면 적당하다. 나는 지금까지 이 일 외에도 다른 직장을 생각해본 적이 없다. 전문 지식을 갖춘 것도 아니고, 남들처럼 스펙이 뛰어난 것도 아니기 때문이다. 그런데 요즘엔 자꾸 딴생각을 한다. 독서를 기반으로 다른 일을 할 수 있지 않을까 상상해본다.

만약 다른 일을 한다면 '강사'와 '작가'로 살아보고 싶다. 어떤 주제든 집중해서 50권, 100권을 읽으면 그 분야에 대해 충분히 강의를 하고 글을 쓸 수 있을 것 같다. 실제로 나는 지금 강사 양성 교육 과정을 수강 중이다. 지난해부터는 정기적으로 업무와 관련된 강의도 나가고 있다. 실력을 갖춘 작가가 되기 위해 책 쓰기 강의도 듣고 있다. 맞춤법과 문장론 등을 공부하면서 분야 전문성을 키우기 위해 노력 중이다.

아직은 그냥 상상에 불과하지만, 언젠가는 내가 가장 좋아하고 잘하는 독서를 통해 새로운 길을 만들 수 있지 않을까 기대한다. 꿈을 꿀 수 있다는 것, 독서가 아니었다면 이마저도 불가능했을 것이다.

퍼스널 브랜드를 만들기 위한 앞으로 10년

나는 지난 10년 동안 조직에서 적합한 인재가 되기 위해 최선을 다했다. 조직이 원하는 업무 능력을 갖추고 월급을 받는 만큼, 아니 그 이상의 몫을 해내는 게 내 목표였다. 그렇게 10년의 세월이 흘렀다.

앞으로 10년 동안 나는 '전안나'라는 퍼스널브랜드를 만들기 위해 모든 노력을 쏟아부을 생각이다. 자기계발은 내가 깨달은 바를 다른 사람들에게 널리 전달할 수 있을 때 완성된다. 그 형식은 책이 될 수도 있고, 강의가 될 수도 있다. 어떤 형식이든 정당한 대가를 받고 내가 읽은 책들의 지혜를 전할 수 있을 때 내 가치는 빛이 난다.

국민 언니 김미경 강사는 『아트 스피치』에서 말했다.

"이제 사람이 한 가지 직업만으로는 일평생 살기가 힘들어졌다. 세상 탓만 할 게 아니라 프로답게 자신의 능력을 업그레이드하지 못한 자신을 반성해야 한다. 항상 미래를 준비하라."

『부자가 되려면 부자에게 점심을 사라』(혼다 켄 저 | 더난출판사)의 저자인 유명 재테크 강사 혼다 켄도 자기계발의 필요성을 강조했다.

"재테크 1순위는 버는 능력을 키우는 것이고, 그러기 위해서는 자신의 몸값을 올려야 한다. '나'라는 상품 자체가 주목받을 수 있도록 전문성이라는 상품을 갖추어야 한다."

클라우스 슈밥 세계경제포럼 회장은 『클라우스 슈밥의 4차 산업혁명』(클라우스 슈밥 저 | 새로운현재)에서 4차 산업혁명에 대해 말하면서 "앞으로의 고용 시장에서 모든 노동자는 독립형 노동자로서 현재의 프리랜서처럼 업무마다 계약 관계로 진행되며, 클라우드 플랫폼에서 노동자는 자영업자로 분류될 것"이라고 예측했다.

그래서 나는 지금 '전안나'라는 퍼스널브랜드를 만들고자 한다. 14년차 직장인, 8년차 만년 과장이 아닌 독서 전문가이자 자기계발 전문가로서 새로운 인생을 준비하고자 한다. 그런 의미에서 나는 6개월에 한 번씩 이력서를 다시 쓴다. 당분간 퇴사할 일도 없고 어디에 지원할 일도 없지만, 나 스스로를 점검하는 차원에서 변경된 업무라든가, 자격증 취득, 수상 경력, 외부 강의 등의 행적을 기록한다. 보통은 6개월에 한 줄을 쓰는 게 목표인데, 한 줄도 쓰지 못할 때에는 스스로를 돌아보며 깊이 반성한다.

나의 브랜드화는 크게 두 단계를 거쳐 만들어진다고 한다. 첫 번째 단계는 내가 하고 있는 일에서 다섯 손가락 안에 드는 것이다. 그만큼 전문성을 키우고 남들과 차별화된 자신의 능력을 깨달아야 한다. 두 번째는 셀프 리더십이다. 시간 관리, 목표 관리, 자기계발 등 기본적인 자기 관리 능력을 가져야 한다.

〈1천 권 독서법〉은 여러분에게 두 가지를 모두 선물할 수 있다. 하루 한 권씩 책을 읽으면 어느 분야든 남들은 따라 하기 힘든 자신만의 무기를 만들 수 있다. 아니, 아무도 책을 읽지 않는 오늘의 상황에서는 책을 읽는다는 것 자체가 능력 개발이고 자기 관리이다.

10년 뒤 자신의 퍼스널브랜드를 생각한다면 오늘부터 당장 하루 한 권 책 읽기, 〈1천 권 독서법〉을 시작하기 바란다.

하루 한 권 책밥

잔잔한 바다는 노련한 사공을 만들지 않는다.
- 아프리카 속담

- 『1그램의 용기』(한비야 저 | 푸른숲) 중에서

    오랫동안 맨몸으로 파도를 맞았다. 먼 바다로 나가 예상치 못했던 높은 파도를 만났다.
    철없던 부모님의 딸이 두 아이의 엄마가 되었고, 학사가 석사가 되었고, 14년차 직장인이 작가로 거듭났다. 도전하는 사람에게 파도는 당연한 것이다. 그 파도를 이겨내는 사람만이 큰 그릇을 품을 수 있다.
    파도가 지나면 한층 성장한 자신을 발견할 수 있을 것이다. 두렵지만 숨 한 번 크게 쉬고 넘어보자. 책에 적혀 있는 저자의 응원을 여러분에게 전한다.
    "Bon Voyage!(순항하시길!)"

나가는 말

내 인생 가장 찬란했던
3년의 시간

　우리나라에서 일반 대중에게 말과 글이 개방된 지 이제 겨우 100여 년이 지났다. 보통 교육 실시와 인쇄 기술의 발전은 그동안 꽉 막혀 있던 우리의 사고방식을 자유롭게 해주었다. 어느 것에도 구애받지 않는 정신의 자유, 사람들은 책을 읽으며 우물에서 벗어나 더 넓은 세계로 나아가는 꿈을 꾸었다. 책을 읽는다는 건 혁명이었다.

　여러분에게 지금 독서는 어떤 의미인가? 한 달에 몇 권의 책을 읽는가? 과거 우리를 얽매던 신분적 차별이나 폭정은 사라졌지만, 여전히 대부분의 사람은 현실이라는 감옥에 갇혀 있다. 책을 읽는 사람은 소수에 불과하고 대다수는 반복되는 일상을 감내하며 하루하루 시간을 소비한다. 마치 몇백 년 전 글을 알지 못하는 우리 선조들이 그랬듯이.

한때는 나 역시 그랬다. 그 일상을 견디다 못해 가장 밑바닥까지 내려갔을 때 다행히 '독서'라는 구원을 만났다. 지난 3년을 돌아보면 내가 매일 읽었던 책들은 나를 죽음으로부터 구해준 산소마스크 같은 존재였다. 소진된 에너지를 채워주고, 열등감을 상쇄시켜주고, 무엇이든 할 수 있다는 도전의식을 갖게 해주었다. 하루 한 권 책을 읽지 않았다면 나는 모든 걸 잃었을지도 모른다.

지금도 나는 매일 책을 읽으며 일상을 남다르게 살아갈 수 있는 에너지를 얻는다. 강사와 작가가 되는 꿈을 꾸며 '전안나'라는 퍼스널브랜드를 만들기 위해 최선을 다하고 있다. 다른 사람들은 이런 나를 보며 좀 쉬었다가 가라고 말하지만, 나는 전혀 그럴 생각이 없다. 소진되는 에너지만큼 책에서 기운을 얻기 때문이다.

이 책은 독서를 통해 우울증을 치료하고 삶의 희망을 발견한 어느 워킹맘의 솔직한 고백이다. 직장인으로서, 엄마로서, 또 여자로서 느꼈던 한국 사회의 절망을 한 치의 숨김도 없이 드러내고, 그 대안으로 하루 한 권 책 읽기를 제안하는 책이다.

하루 한 권 독서가 부담스럽다면 자신의 수준에 맞게 목표를 조절해도 좋다. 여기서 중요한 건 하루도 빠짐없이 책을 펼친다는 것이다. 텔레비전과 스마트폰을 멀리하고 쉬는 시간에, 출퇴근길에, 잠들기 전에 책 한 장을 넘기는 습관이다. 그래야만 당신의 인생이 바뀔 수 있다. 당장의 쾌락이 주는 달콤함을 벗어나야만 당신이라는 퍼스널브랜드를 만들고 급변하는 사회에서 살아남을 수 있다.

비켜서지 말고 정면으로 도전해보자. 고대 로마의 작가 푸블릴리우스 시루스는 "시도해보지 않고는 누구도 자신이 얼마만큼 해낼 수 있는지 말하지 못한다"고 했다. 하루 한 권 책 읽기는 못하는 게 아니라 안 하는 것이다. 당신도 마음만 먹으면 충분히 〈1천 권 독서법〉에 도전할 수 있다.

당신도 하루 한 권 책을 읽으며 인생을 바꿀 수 있다.

부록

내 인생의 필독서 20

지금까지 읽은 1천 권 도서 가운데 독서 응용 노트에 적은 '내 인생의 필독서 20권'을 소개하고자 한다. 이 책들은 내가 가장 어두운 터널을 지날 때 길을 밝혀준 은인이고, 나를 꿈으로 이끌어준 든든한 지원군이다. 부족한 나도 두 번 이상 읽었을 정도로 쉽고 재미있게 쓰였으니, 꼭 읽어보기 바란다.

내 인생의 필독서 1 – 분노하라 (스테판 에셀 저 | 돌베개)

도서 제목	분노하라	저자	스테판 에셀
책·작가 특징	• 작가 약력: 제2차 세계 대전 당시 독일 나치에 맞서 레지스탕스로 활동하다가 체포되어 수용소에 수감. 철학을 공부하고 외교관으로 일하며, 인류의 인권과 더 나은 사회에 대한 이상을 실현하기 위해 노력함. 1948년 유엔 세계인권선언문 초안 작성에 참여하고, 유엔 주재 프랑스 대사, 유엔 인권위원회 프랑스 대표 등을 역임함 • 분야: 철학 • 책과의 인연: 다른 책에서 추천하여 읽음. 1+1 독서법		

작가의 이야기

30쪽짜리 책인데 무게감은 30톤짜리 책이다. 워낙 짧은 책이라 요약할 것도 없지만, 굳이 한 줄로 요약하자면 '사회에 무관심하지 말고 분노하되, 비폭력적으로 사회 문제 해결에 참여하라!'는 것이다. 무관심은 최악의 태도이고, 우리는 행동하는 소수가 되어야 하며, 구성원 한 사람 한 사람이 자기 나름대로 분노의 동기를 가져야 한다고 말한다. 저자는 나치즘에 분노해서 레지스탕스로 활동했다. 우리도 뭔가에 분노하면 역사의 흐름에 합류할 수 있고, 역사의 흐름은 개개인의 노력에 힘입어 오래도록 이어질 것이라고 강조한다.

내 생각	적용점
조지 버나드 쇼가 "남에게 행하는 가장 나쁜 죄는 비난이 아니라, 무관심이다"라고 말한 것이 생각난다. 이 책을 발표했을 당시 저자의 나이는 93세. 할아버지가 젊은 세대에게 웅변하듯 얘기하는 모습을 보면 이 사람이 20대인지 90대인지 헷갈린다. 열정 할배!	회사에서 직원 추천 도서로 선정하고 현대 사회의 무관심, 그리고 나의 무관심에 대해 함께 토론해볼 것이다.

내 인생의 필독서 2 – 내 인생 5년 후 (하우석 저 | 다온북스)

도서제목	내 인생 5년 후	저자	하우석

책·작가 특징
- 작가 약력: 광고대행사에서 AE로 근무하면서 기획과 마케팅 부문에서 능력을 인정받아 27세에 차장으로 초고속 승진. 마케팅 커뮤니케이션 플래너로서 다양한 프로젝트를 경험. 대기업과 국내 여러 기업에서 기획과 마케팅에 관한 강연 활동을 하며 기업 및 조직의 마케팅에 힘써옴
- 분야: 자기계발
- 책과의 인연: 커피 마시러 카페에 들어갔다가 우연히 읽음

작가의 이야기

작가는 말한다. 지금부터 5년 후 내 모습은 지금 읽고 있는 책이 무엇이고, 요즘 함께 지내는 사람들이 누구인가에 따라 달라진다고. 그러므로 앞으로 미래를 준비할 책을 읽고, 내가 원하는 삶을 사는 사람들과 교류해야 한다. 5년 동안 목숨 걸고 모든 에너지를 집중할 만한 프로젝트를 기획하는 것도 좋다.

나에게 가장 충격적인 부분은 월급쟁이를 때려치우려면 그 분야에서 다섯 손가락 안에 들 정도로 실력을 갖춰야 한다는 얘기였다. 그는 또 자신에 대한 평가와 이미지도 꾸준히 관리할 것을 요구한다. 내가 바로 브랜드, 그 자체이기 때문이다.

그는 과거를 되돌아보지 말라고 주문한다. 과거는 결코 다시 돌아오지 않기 때문이다. 현재를 개선키는 게 현명하다고 말한다. 우리는 다가올 미래를 맞이해야 한다. 조금의 두려움도 없이!

내 생각	적용점
나는 1~2년 정도의 단기적 계획 또는 아예 30년 뒤나 40년 뒤의 먼 미래만 있고, 5년이나 10년 뒤의 중기 계획이 없는 삶을 살았다. 내 인생의 중기 계획을 어떻게 세울 것인지 오늘부터 고민해보자.	내 인생 5년후 첫 번째 프로젝트로 지금 하고 있는 하루 한 권 독서, 1천 권을 끝까지 완수할 것!

내 인생의 필독서 3 - 가슴높이로 공을 던져라 (황보태조 저 | 올림)

도서제목	가슴높이로 공을 던져라 1, 2	저자	황보태조

책·작가 특징

- 작가 약력: 학벌이라고는 고등학교를 중퇴한 게 전부고, 재산이라고는 천 평 남짓한 밭과 집 한 채뿐인 지극히 평범한 농부. 다섯 남매를 모두 수재로 만든 '가슴높이 자녀 교육' 전도사
- 분야: 자녀 교육
- 책과의 인연: 자녀 교육 책에서 추천하는 책. 1+1 독서법

작가의 이야기

교육이란 아이에게 공 던지는 기술을 가르치거나, 과외를 붙여주거나, 멀리 던져주는 것이 아니다. 아이의 가슴높이로 공을 던져주는 것이 교육이다. 아이의 모든 공부가 놀이가 되게 하고, 일상이 공부가 되게 하는 것이 바로 교육이다. 예를 들어 '공부하자'가 아니라 '공부놀이'를 하자, '학교를 가자'가 아니라 '학교놀이를 하자' 식으로 부모부터 마음가짐을 바꿔야 한다. 책읽기를 싫어하는 아이는 절대 공부를 잘할 수 없으니 서점, 도서관, 책과는 매우 친하게 지내도록 분위기를 조성하자.

내 생각

일반 자녀 교육서는 일종의 전쟁 같다. 공부를 하지 않으려는 아이와 공부를 시키려는 부모 사이의 밀고 당기는 전쟁이 주로 나온다. 그러나 이 책은 따뜻하다. 교육 전문가가 '한 수 배웠다'라는 추천사를 적을 정도이다.

적용점

나도 책 읽기가 숙제라고 생각하면 즐겁지 않을 것 같다. 자녀에게 공부가 놀이가 되고, 놀이가 공부가 되게 하자. 정말 즐거운 공부가 되도록! 아이들에게 '공부놀이'의 재미를 느낄 수 있게 부모가 먼저 말하고 행동하자.

내 인생의 필독서 4 – 유태인 가족대화
(슈물리 보테악 저 | 랜덤하우스코리아)

도서제목	유태인 가족대화	저자	슈물리 보테악

책·작가 특징	• 작가 약력: 유태교 랍비. 가정과 자녀 교육 전문가로 활동하며 20여 권의 책 집필한 세계적인 베스트셀러 작가. TV쇼 진행자, 상담가, 유명 칼럼니스트, 라디오 진행자로도 활약. 세상을 떠난 마이클 잭슨을 비롯하여 수많은 유명인들의 멘토 역할을 함. 사상가, 언론인, 엔터테이너들과 학생 간의 교류를 도모함 • 분야: 자녀 교육 • 책과의 인연: 인터넷에서 '유태인 교육법'이 핫이슈라 읽게 됨

작가의 이야기

부모는 적절한 순간 아이에게 '도덕적 질문'을 던져서, 아이가 살아가는 동안 그 질문을 기억할 수 있게 가르쳐야 한다. 우리는 앞으로 자라서 어떤 직업을 갖고 싶은지 물어보는데 반해, 저자는 "너는 어떤 사람이 되고 싶니? 나는 네가 자라서 책임감 있고 성숙한 어른이 되길 바란다" 하고 말한다.

아이가 자신의 본질에 다가가 내면의 자아와 계속 만날 수 있게 돕는 것이 가장 효과적인 교육이며, 인간적인 교육이다. 내 안의 도덕성과 타협하지 않고, 옳은 일을 하겠다는 결심이 세상에서 가장 중요한 것이고, 아이들에게도 삶이 그저 우연히 찾아오는 변덕스러운 것이 아니라, 목적 있고 의미 있는 것임을 알려야 한다.

내 생각	적용점
나는 아이를 그냥 '아이'로만 생각했다. 그러나 저자는 앞으로 발전 가능성이 있는 '한 사람'으로서 아이에게 도덕성과 사명, 용서, 사랑, 삶의 의미를 가르쳐야 한다고 말한다. 나는 이 부분이 새롭게 다가왔다. 왜 이런 부분을 가르쳐야 한다는 생각을 못했을까? 내가 이런 것을 어렸을 때 배웠던가?	아이가 내면의 도덕성을 따라 옳은 일을 하도록 돕는 부모가 되어야 한다. 그렇게 하기 위해서 부모인 내가 먼저 도덕적으로 옳은 일을 하자. 나는 책임감 있고 성숙한 어른인지 돌아보자.

내 인생의 필독서 5 – 나는 오늘도(시리즈)(미셸 퓌에슈 저 | 이봄)

도서 제목	나는, 오늘도(시리즈)	저자	미셸 퓌에슈

책 · 작가 특징	• 작가 약력: 파리 소르본 대학 철학 교수. 철학적 사고와 개념들을 널리 전파하는 데 힘쓰며, 급변화하는 21세기를 살아야 하는 현대인들을 위해 『나는, 오늘도』 시리즈 9권을 집필했다. 철학적 개념을 인간의 몸과 마음의 행동과 생각을 통해 풀어내는 저자의 집필 방식은 사람들이 실제로 몸과 마음을 움직여 삶을 변화시키는 데까지 나아가게 한다. • 분야: 철학 • 책과의 인연: 미용실에 비치된 여성 잡지 속 셀럽의 추천 도서로 읽게 됨

작가의 이야기

나는 오늘도 사랑하고, 설명하고, 수치심 느끼는 생각을 하고, 걷고, 먹고, 말하는 경험을 한다. 또 나는 오늘도 원하고, 버리고, 사는 행동을 한다. 이에 작가는 묻는다. 그렇다면 결국 사람답다고 하는 것은 무엇인가?

우리는 아무 생각 없이 살고, 버리고, 원하고, 말하고, 먹고, 걷는 것이 아니다. 만약 지금까지 아무 생각 없이 그렇게 살아왔다면, 이제부터라도 가장 어른다운, 가장 사람다운 것은 무엇인가에 대해 생각하며 살아야 한다.

내 생각	적용점
9권 시리즈로 나온 짧은 책. 1~3권은 생각, 4~6권은 경험, 7~9권은 행동에 대해 다뤘다. 표지가 산뜻하고, 글이 적으며, 그림도 많아서 쉬엄쉬엄 읽게 된다. 어쩌면 생각하느라 빨리 못 넘기는 걸 수도 있다. 시집을 가장한 철학책인지, 철학을 가장한 시집인지 모르겠다. 자기계발서로 보아도 좋으려나? 정말 생각이 많아지게 하는 책이다.	하루에 나의 행동 하나만 깊이 생각해보자. 그렇게 매일매일 조금씩 나 자신이 되어보자.

내 인생의 필독서 6 – 회복 탄력성 (김주환 저 | 위즈덤하우스)

도서 제목	회복 탄력성	저자	김주환
책·작가 특징	<td colspan="3">• 작가 약력: 연세대학교 언론홍보영상학부 교수, 휴먼커뮤니케이션연구소장. 소통 능력, 회복 탄력성, 말하기와 토론, 설득과 리더십, 여론 분석 등을 주로 연구하고 강의한다. 이탈리아 정부 장학생으로 선발되어 볼로냐 대학에서 움베르토 에코 교수에게 기호학을 사사하였으며, 보스턴 대학교 커뮤니케이션학과 교수를 역임했다. 동아일보 신춘문예 미술평론 부문에 당선되어 미술평론가로도 활동 중이다. • 분야: 심리 • 책과의 인연: 저자의 다른 책 『그릿』(쌤앤파커스)을 읽고 저자 중심 독서로 고름</td>

작가의 이야기

살다보면 누구나 역경과 어려움을 마주하게 된다. 회복 탄력성(Resilience)이란 '자신에게 닥치는 온갖 역경과 어려움을 도약의 발판으로 삼는 힘'이다. 이는 우리 안에 잠재되어 있는 힘으로서, 심리학에서는 '정신적 저항력'을 의미한다.

회복 탄력성은 체계적인 노력과 훈련으로 발전시킬 수 있다. 회복 탄력성 지수(QR)는 '자기 조절 능력'과 '대인 관계 능력', '긍정성' 척도로 측정할 수 있으며, 긍정성을 습관화하고, 자신의 대표 강점을 발견하고, 감사하면 지수를 높일 수 있다. 운동을 하는 것도 회복 탄력성을 늘리는 좋은 방법이다.

내 생각	적용점
회복 탄력성 지수를 검사해볼 수 있어서 재미있었다. 나는 예상한 대로 자기 조절 능력은 높고, 대인 관계 능력은 낮고, 긍정성은 높다. 사랑할 수 있는 능력, 사랑받을 수 있는 능력도 우리가 배우고 키워야 한다는 사실을 처음으로 생각하게 되었다.	행복한 사람은 조금 더 도전하고, 진취적이며, 새로운 것을 시도하기에 많은 기회가 찾아온다고 한다. 조금 더 시도하고 도전하자. 오늘은 무엇을 도전해볼까?

내 인생의 필독서 7 – 청소년을 위한 인권 에세이 (구정화 저 | 해냄)

도서 제목	청소년을 위한 인권 에세이	저자	구정화

책 · 작가 특징	• 작가 약력: 경인교육대 사회교육과 교수. 청소년들에게 복잡한 사회 현상을 쉽고 재미있게 가르치는 일에 앞장서는 사람. 통계와 다양한 이슈를 활용하여 우리를 둘러싼 사회 문화 현상들을 다각도로 분석하는 작업들을 진행했다. • 분야: 사회학 • 책과의 인연: 국가인권위원회 전문 강사 장진용 박사가 추천

작가의 이야기

인권 감수성을 높여야 한다. 인권 감수성이란 인권의 관점에서 생각해보는 것이다. 인권에 대해 제대로 알고, 삶의 현장에서 실천해야 한다. 인권은 1세대, 2세대, 3세대로 발전하고 있는데 1세대 인권은 시민 정치적 권리로서의 인권, 2세대 인권은 경제·사회·문화적 권리로서의 인권, 3세대 인권은 인류를 하나로 묶어주는 연대권을 말한다.

청소년들이 당면한 교실에서의 인권, 아르바이트 현장에서 인권뿐 아니라 보편적인 인간으로서의 자기 결정권, 감정 노동자의 인권, 성차별과 성폭력, 국방의 의무 등을 폭넓으면서도 쉽게 다루어준다.

내 생각	적용점
역시 인권 분야는 쉽지 않다. 요즘 새로이 관심을 가지고 주제 독서 중인데, 유명한 조효제 교수의 책이 너무 어려워서 청소년용을 읽었더니 이해가 잘된다.	인권에 대한 기본적인 이해를 돕기 위해 국가인권위원위회 교육센터에서 사이버 교육을 받아야겠다. 누구나 수강 신청 가능한 데다 무료라고 한다.

내 인생의 필독서 8 – 그 섬에 내가 있었네 (김영갑 저 | 휴먼앤북스)

도서제목	그 섬에 내가 있었네	저자	김영갑

책·작가 특징	• 작가 약력: 사진작가. 1982년부터 30여 년간 제주도 사진만 찍음. 바닷가와 중산간, 한라산과 마라도 등 섬 곳곳 그의 발길이 미치지 않은 곳이 없다. 밥 먹을 돈을 아껴 필름을 사고 배가 고프면 들판의 당근이나 고구마로 허기를 달랬다. 루게릭병으로 투병하면서 폐교를 '김영갑 갤러리 두모악'으로 만들었고, 그곳에서 잠들었다. • 분야: 사진 및 에세이 • 책과의 인연: 갤러리를 다녀온 지인이 추천함

작가의 이야기

제주도가 아니다. '이어도'이다. 한라산이 아니다. '두모악' 이다.

시시각각 변하는 제주도 자연을 있는 그대로 발견하고자 했던 작가의 이야기가 생생하게 담겨 있다. 밥을 굶어가며 필름을 사고, 빨갱이로 오해받으면서도 곰팡이 가득 핀 필름을 필사적으로 지켜냈다. 그렇게 남겨진 그의 사진들은 우리에게 큰 감동을 안겨 준다.

자연의 아름다움은 시시각각 변하고, 그 아름다움은 발견하는 자의 몫이라는 작가의 목소리가 들려오는 듯하다. 그는 말한다. "나는 세상의 이치가 궁금해 사진가가 되었다. 오직 사진 하나에만 매달려 살아온 행복한 세월이었다."

내 생각	적용점
그의 사진 20만 장 가운데 60여 장만 책에 실려 있다. 그의 사진을 더 많이 찾아보고 싶다. 내 삶에 유효 기간이 정해진다면 나는 무엇을 제일 먼저 할 것인가? 내가 죽기 전에 반드시 해야 할 것은 무엇인가?	'김영갑 갤러리 두모악' 탐방 가보기.

내 인생의 필독서 9 – 레베카(대프니 듀 모리에 저 | 현대문학)

도서 제목	레베카	저자	대프니 듀 모리에
책·작가 특징	• 작가 약력: 배우 겸 연출가 제럴드 듀 모리에의 딸이며, 작가이자 화가인 조지 듀 모리에의 손녀. 어린 시절부터 열렬한 독서광으로 상상 속 허구의 세계에 매료되어 여성이 아닌 남성으로서 자신의 또 다른 자아를 만들어내기도 했다. 1931년에 첫 장편소설 「사랑하는 마음」을 출간했다. 이후 아버지 제럴드 듀 모리에의 자서전과 장편 소설 세 작품을 발표했고, 「레베카」를 출간하면서 낭대 최고의 인기작가 반열에 올랐다. 베스트셀러 가운데 「새」, 「레베카」, 「프렌치맨스 크리크」 등 여러 작품이 영화화되어 각종 영화제에서 상을 받았다. • 분야: 소설 • 책과의 인연: 뮤지컬 홍보물을 보고 관심을 가지게 됨		

작가의 이야기

여자 주인공이 중년의 영국 신사 맥심 드원터와 재혼한다. 그녀는 아름답기로 유명한 저택의 안주인이 되지만 많은 사람의 입을 통해 불편한 얘기를 듣는다. 불의의 사고로 죽은 남편의 전처가 재기 발랄하고, 아름답고, 성격도 좋고, 집안 살림도 완벽하게 했다는 것이다. 저택은 아직 죽은 전처의 그늘에서 벗어나지 못한 상태였다. 하녀와 방문객들, 가구, 개, 식단 등 모든 것이 그녀에 의해 장악된 채로 돌아갔다.

재혼 후에도 전처의 영향력으로 인해 자리를 못 잡은 새 신부의 입장으로 이야기가 전개되다가, 중반 이후 남편의 고백으로 이야기가 반전되는 서스펜스가 있다.

내 생각	적용점
뮤지컬 광고를 보고 원작이 있다는 사실을 알게 되었다. 주인공이 직접적으로는 한 번도 등장하지 않는 소설이다. 주변 사람들을 통해 간접적으로 묘사되면서 주인공의 실체에 점점 다가가는 신기한 소설이다.	뮤지컬 원작이 된 소설들을 조금 더 읽어볼 것. 예) 「햄릿」, 「지킬 박사와 하이드」, 「오페라의 유령」 등.

내 인생의 필독서 10 – 스티브 잡스 (월터 아이작슨 저 | 민음사)

도서 제목	스티브 잡스	저자	월터 아이작슨

책·작가 특징
- 작가 약력: 전문 전기 작가. 워싱턴 DC 소재 초당파적 교육 및 정책 연구 기관 애스펀 연구소의 CEO로 재직 중이며, 《타임》 편집장과 CNN의 CEO를 역임했다. 미국의 국영 국제 방송을 관장하는 미 방송위원회의 회장직을 수행하기도 했다.
- 분야: 평전
- 책과의 인연: 회사 필독서

작가의 이야기

세계적인 CEO 스티브 잡스의 모든 것을 기록한 책. 처음 스티브 잡스를 알게 된 건 그가 투병을 시작할 때쯤이었다. 그냥 잘나가는 CEO인줄 알았는데 이 책을 통해 그의 진짜 정체를 알게 되었다.

스티브 잡스는 출생 과정부터 남들과 달랐다. 성장하는 과정은 더욱 달랐으며, 훗날 CEO로서 성장하는 과정은 더더욱 달랐다. 그는 자신이 세운 회사에서 쫓겨나는 수모를 당했으나, 자신의 신념을 버리지 않았다. 그리고 그 결과, 정말 세상을 바꾸는 멋진 제품을 만들어냈다.

결국 우리가 사는 세상은 '세상을 바꿀 수 있다'고 생각할 만큼 미친 사람만이 바꿀 수 있다는 저자의 말에 공감한다.

내 생각

스티브 잡스가 내 상사라면? 헐! 난 진작 퇴사했겠지? 스티브 잡스는 좋은 상사는 아닌 듯하다. 그래서 경영진과 직원들의 팔로워십이 필수였을 것이다. 그들의 팔로워십은 무엇이었을까? 갑자기 궁금했다.

적용점

나도 훗날 자서전이나 평전이 출간될 만큼 훌륭한 사람이 될 수 있을까? 후세 사람들은 나를 어떻게 기억할까? 나는 무엇으로 기억되고 싶은가? 나의 자서전을 끄적여보자.

내 인생의 필독서 11 – 잡 킬러(차두원, 김서현 저 | 한스미디어)

도서 제목	잡 킬러	저자	차두원, 김서현
책·작가 특징	<ul><li>작가 약력: 차두원 – 과학 기술 정책, 인간 공학 전문가. 현재 한국과학기술기획평가원 연구 위원으로 재직 중이다. 제2기 국가과학기술자문회의, 서울시교육청 서울미래교육준비협의체 전문 위원 등을 역임했고, 현재 국토교통부 자율주행차 융복합 미래포럼, 고용노동부 국가기술자격 전문위원 등으로 활동 중이다. / 김서현 – 인간의 감각과 지각 과정에 관심이 많고 과학적 방법론과 인문학이 결합된 심리학에 매료된 학자. 입체 영상과 입체 음향의 상호 작용이 인간의 지각 시스템에 미치는 영향을 주제로 한 논문으로 석사 학위를 받았다. 현재 컨설팅 회사에서 전략 기획, 컨설팅 업무를 수행 중이다.</li><li>분야: 경제 경영</li><li>책과의 인연: 주제 독서를 하기 위해 포털 사이트에서 '4차 산업혁명'을 검색하여 찾아냄</li></ul>		

작가의 이야기

4차 산업혁명 이후의 실업 문제에 대한 사회적 염려가 많다. 직업은 그 자체로 뚝 떨어지는 것이 아니다. 직업은 기술과 산업, 정책 환경 변화에 따라 좌우되는 유기체이다. 즉, 직업의 소멸이란 '직업이 분화와 통합을 멈추고 사라진다'는 뜻이다.

그렇지만 앞으로 4차 산업혁명이 이후 세상의 모든 직업이 사라지는 것이 아니다. 인간만이 할 수 있는 지속 가능한 일자리가 있다. 바로 창의성과 기획력, 대인 관계가 필요한 직업, 비전형적인 고도의 손재주가 필요한 직업, 문제 해결 능력이 필요한 직업이 바로 그것들이다. 결국 기술과 인류는 공생 공존 관계가 될 것이고, 협업 로봇의 개발과 활용이 더욱 활발해질 것이다.

내 생각	적용점
지금 내 업무는 앞으로도 지속될 가능성이 많은 분야라서 다행이다. 그러나 남편과 우리 아이들의 미래는? 고민하지 않을 수 없는 문제다.	아이들은 현재 존재하지 않는 직업에 종사할 가능성이 많다. 아이들이 가지게 될 직업의 종류를 엄마가 먼저 한정하지 않도록 조심하자.

내 인생의 필독서 12 - 대통령의 글쓰기 (강원국 저 | 메디치미디어)

도서제목	대통령의 글쓰기	저자	강원국
책·작가 특징	• 작가 약력: 라이팅 컨설턴트. 기업에서 17년, 청와대에서 8년 간 일했다. 그 가운데 9할은 글 쓰는 일을 했다. 회사 생활 초짜 시절부터 줄곧 바람직한 기업 문화는 상하 간의 원활한 소통에서 출발한다고 생각했다. 회사도 잘되고 직원도 행복한 길이 분명 있다는 생각으로 25년 간 직장 생활을 했다. 그 길이 말하기와 글쓰기를 통한 신뢰 구축에 있다고 믿고 있다. • 분야: 인문 • 책과의 인연: 베스트셀러라서 선택		

작가의 이야기

8년 동안 대통령 연설문 담당자로서 경험했던 노하우를 나누어주는 책이다. 글을 쓰기 위해서는 자료 수집을 충분히 해야 한다. 이때 자료는 책, 신문 사설, 명언, 어록 등을 포함한다. 한 줄 쓰고 나서 더 이상 글을 쓸 수 없는 이유는 자료가 부족하기 때문이다.

책을 읽지 않으면 생각할 수 없고, 생각할 수 없으면 글을 쓸 수 없다고 단언했다. 글을 쓸 때 어떻게 쓰느냐 고민하는 건 부질없는 욕심이다. 무엇을 쓰느냐에 대한 고민을 많이 할수록 좋은 글을 쓸 수 있다고 조언한다.

내 생각	적용점
회사를 14년 다녀도 글쓰기는 정말 어렵다. 한 줄로 요약하여 말할 수 없는 주제는 쓰지 말라는데, 내가 하고 싶은 말의 요지가 무엇인지 먼저 생각을 정리하고 글을 써야겠다.	글쓰기에 앞서 필요한 정보가 무엇인지 찾아보고, 자료를 충분히 수집한 뒤 무엇을 쓸 것인가 고민하자.

내 인생의 필독서 13 – 처음 만나는 뇌과학 이야기 (양은우 저 | 카시오페아)

도서 제목	처음 만나는 뇌과학 이야기	저자	양은우
책 · 작가 특징	• 작가 약력: 일리노이 주립 대학교에서 경영학 석사를 취득했다. 국내 대기업에서 25년간 전략 기획 업무를 수행했으며, 다양한 컨설팅과 저술 및 강연 활동을 거쳐 현재는 KMA(한국능률협회)에서 강의를 하고 있다. • 분야: 자연 과학 • 책과의 인연: 지인에게 선물로 받음		

작가의 이야기

뇌 과학자의 입장에서 보면, 자유 의지란 존재하지 않는다. 우리가 자유 의지라고 생각하는 것들은 결국 우리의 무의식적 사고가 만들어내는 허상이다.

우리가 명품이나 비싼 음식을 탐하는 까닭은 그것 자체의 질이나 맛 때문이 아니다. 그저 심리적 만족감과 위안, 사회적 신분을 얻기 위해서다. 어디까지가 내가 선택한 자유 의지이고, 어디까지가 신체의 자연스런 반응이며, 어디까지가 뇌의 작용일까? 작가의 말대로 뇌를 이해하지 못하면 인간을 이해할 수 없는 것인가?

내 생각	적용점
사회 복지 분야의 일을 하면서 인간사를 인간 자체보다 환경적인 측면에서 이해하는 데 집중했다. 그러나 뇌 과학자들의 입장은 다르다. 그들은 뇌를 먼저 이해해야 인간을 이야기할 수 있다고 한다. 같으면서도 다르게 본다는 점이 신기하다.	그동안 소홀히 읽었던 순수 과학, 예술, 역사 분야의 책을 더 가까이할 필요가 있다. 균형 독서를 하자.

내 인생의 필독서 14 – 자유론(존 스튜어트 밀 저 | 문예출판사)

도서제목	자유론	저자	존 스튜어트 밀
책·작가 특징	<ul><li>작가 약력: 영국의 경제학자·철학자·사회 사상가. 자연주의 경제학 대표자로 경험주의를 바탕으로 귀납법을 체계화하였다. 실증적인 사회 과학 이론의 확립에 노력하였으며 철학, 경제, 정치, 여성 문제, 종교, 사회주의 등에 대한 책을 남겼다.</li><li>분야: 인문 고전</li><li>책과의 인연: 대학원 수업 중 교수님의 권유로 읽음</li></ul>		

작가의 이야기

로마 철학자 에픽테토스는 "인간은 자유를 원할 때에만 자유로워진다"고 했다. 밀이 말하는 자유란 바로 이것이 아닌가 싶다. 인간의 삶에서 각자가 최대한 다양하게 삶을 도모하는 것 이상으로 중요한 것은 없다. 인간은 생명을 불어넣어주는 내면의 힘에 따라 온 사방으로 스스로 자라고 발전하려는 나무와 같다. 다른 사람에게 해만 끼치지 않는다면 개인의 자유는 절대적으로 보장되어야 한다. 사회가 개인을 상대로 정당하게 행사할 수 있는 권력의 성질과 그 한계는 무엇인가.

내 생각	적용점
읽을수록 감탄하게 하는 책이다. 200년 전에 살았던 사람이 쓴 책이라고 믿기 어려울 정도로 오늘을 잘 반영하고 있다. 괜히 고전이 아니구나 싶다. 저자의 다른 책도 찾아서 읽어보고 싶다.	작가의 말대로, 나에겐 최대한 다양하게 발전을 도모할 자유가 있다. 내게 주어진 자유를 마음껏 누리자.

내 인생의 필독서 15~20 – 피터 드러커의 저서들

도서 제목	피터 드러커 강의 / 프로페셔널의 조건 자기 경영 노트 / 성과를 향한 도전 매니지먼트 / 성공하는 리더의 8가지 덕목	저자	피터 드러커
책·작가 특징	• 작가 약력: 현대 경영학의 아버지, 지식 사회의 도래와 지식 근로자의 역할을 언급하면서 현대 경영의 본질과 방향을 제시하였다. 시대를 앞서가는 경영 철학과 탁월한 통찰력으로 수많은 비즈니스맨의 멘토가 되었다. 스스로를 '사회 생태학자(social ecologist)'라 불렀다. • 분야: 경제 경영 • 책과의 인연: 경영서를 읽다가 끊임없이 이름이 나와서 찾아 읽음		

작가의 이야기

성과를 올리는 것이 지식 노동자의 유일한 기능이고, 성과를 올리는 것은 일종의 습관이다. 그리고 성과를 올리는 모든 사람의 공통점은 '실행 능력'이다.

지도자의 유일한 정의는, 따라주는 사람들이 있는 어떤 사람이다. 자신을 먼저 관리하지 않고서는 다른 사람을 관리할 수 없다. 당신의 조직은 당신 자신을 경영하는 것 이상으로, 더 잘될 수 없다.

나의 강점은 무엇인가? 강점에 집중하라. 강점을 활용한 인력 배치를 하자. 강점이 결과를 산출할 수 있는 곳에 사람을 배치하고, 약점이 별로 관계되지 않는 곳에 사람을 배치해야 한다. 미래형 조직 모델은 '느슨한 조직 구조'이다.

당신은 당신의 부하 직원을 믿을 수 있는가? 당신의 아들을 그 사람을 위해 일하게 할 수 있는가? 만약 이 중에 하나의 책만 골라서 추천하라면 『피터 드러커 강의』를 꼽겠다.

내 생각	적용점
새롭게 배울 것이 없다면 변화가 필요한 때, 즉 떠나야 할 때이다. 오늘도 나는 새로운 것을 배우고 있는가? 내가 떠나야 할 때가 언제인가? 매일매일 무엇을 배우고 있는지 생각하며 살아야겠다.	매년 두 번씩 이력서를 갱신하자. 상반기의 나와 하반기의 나, 작년의 나와 올해의 내가 무엇이 달라졌는지 확인하자. 끊임없이 발전해야 한다.

하루 한 권 3년,
내 삶을 바꾸는 독서의 기적

1천 권 독서법

초판 1쇄 발행 2017년 9월 18일
초판 11쇄 발행 2024년 7월 1일

지은이 전안나
펴낸이 김선식

부사장 김은영
콘텐츠사업2본부장 박현미
책임마케터 문서희
콘텐츠사업5팀장 김현아 콘텐츠사업5팀 마가림, 남궁은, 최현지, 여소연
마케팅본부장 권장규 마케팅1팀 최혜령, 오서영, 문서희 채널1팀 박태준
미디어홍보본부장 정명찬 브랜드관리팀 안지혜, 오수미, 김은지, 이소영
뉴미디어팀 김민정, 이지은, 홍수경, 서가을
크리에이티브팀 임유나, 박지수, 변승주, 김화정, 장세진, 박장미, 박주현
지식교양팀 이수인, 염아라, 석찬미, 김혜원, 백지은
편집관리팀 조세현, 김호주, 백설희 저작권팀 한승빈, 이슬, 윤제희
재무관리팀 하미선, 윤이경, 김재경, 이보람, 임혜정
인사총무팀 강미숙, 지석배, 김혜진, 황종원
제작관리팀 이소현, 김소영, 김진경, 최완규, 이지우, 박예찬
물류관리팀 김형기, 김선민, 주정훈, 김선진, 한유현, 전태연, 양문현, 이민운

펴낸곳 다산북스 출판등록 2005년 12월 23일 제313-2005-00277호
주소 경기도 파주시 회동길 490 다산북스 파주사옥
전화 02-704-1724 팩스 02-703-2219 이메일 dasanbooks@dasanbooks.com
홈페이지 www.dasan.group 블로그 blog.naver.com/dasan_books

ISBN 979-11-306-1427-4 (03320)

· 책값은 뒤표지에 있습니다.
· 파본은 구입하신 서점에서 교환해드립니다.
· 이 책은 저작권법에 의하여 보호를 받는 저작물이므로 무단 전재와 복제를 금합니다.

다산북스(DASANBOOKS)는 독자 여러분의 책에 관한 아이디어와 원고 투고를 기쁜 마음으로 기다리고 있습니다. 책 출간을 원하는 아이디어가 있으신 분은 다산북스 홈페이지 '투고원고'란으로 간단한 개요와 취지, 연락처 등을 보내주세요. 머뭇거리지 말고 문을 두드리세요.